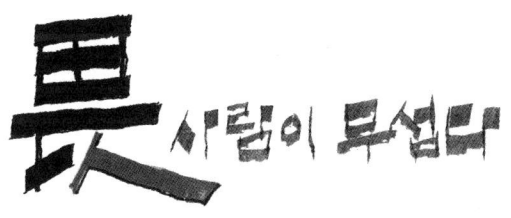

툿 사람이 무섭다

두흐만 Duchmann

사람이 무섭다

두흐만 DUCHMANN

일러두기

○ 해석은 청나라 구조오 仇兆鰲(1700~1756)의 저술을 참고하였고, 주석서 출간 본은 《두시상주 杜詩詳註》(중화서국 中華書局, 1989) 이다.

○ 번역은 우리의 일상 어투를 사용하였고, 두보 당대의 의미와 한시 작법에 충실한 번역이 감동을 늦추는 경우는 현대에 맞도록 재해석하여 옮겼다. 다만 이 과정에서 원래의 뜻이 왜곡되는 경우는 해제에 별도의 해설을 달아놓았다.

○ 동일한 제목 안에 여러 수의 작품이 하나로 묶이는 연작시의 경우, 제목 옆에 연작시 안에서의 순서를 번호로 붙였다. 예를 들어 春日江村 2는 春日江村 이라는 연작시 중에서 두 번째 작품이라는 뜻이다.

머리글

"사람이 좋았지만 사람이 무서웠던 시인, 두보"

시를 연구하는 학자보다는 내 기분대로 시를 즐기고 싶은 소망이 깊어지던 어느 날 학업을 중단했습니다. 이후 시 연구와 멀어진 생활을 하면서도 뜻대로 되지 않을 때, 사람 때문에 힘들 때, 슬퍼지려 할 때마다 두보의 시들을 읽곤 했습니다. 강원도 원주시 부론면에 공간을 마련하고 십여년 간 서울을 오가며 틈나는 대로 번역을 하였습니다. 한시 특히 두보의 시를 어떻게 읽어야 하는 지 깨우쳐 주신 이영주 선생님, 번역과 집필 방향을 잡아주신 문막의 카페 사장님 故 박상우 님께 존경과 감사의 마음을 드립니다.

부론면은 충청북도 충주시 앙성면과 경기도 여주시 점동면과 맞닿아 있어서 차로 5분이면 3개 도를 넘나드는 재미가 있는 곳입니다. 한 곳에 오래 머무르지 못하고 변덕이 심한 나에게는 서울에서 가깝지도 않고 멀지도 않은 아름다운 고장 부론이 너무나 좋았습니다. "부론면 어디쯤 가면 서울의 미운 사람들이 그리웠으면"이라고 노래한 시가 있습니다. 나의 마음도, 이 책을 보는 이들의 마음도 더욱 여유로워지기를 기대합니다.

2022년 10월 원주시 부론면 남한강 가 작은 방에서
이상준

머리글 "사람이 좋았지만 사람이 무서웠던 시인, 두보"

제1부

畏人
사람이 무섭다

설날 아들에게 시를 보여줬습니다 ·················· 12
元日示宗武

이백 형님 어찌 지내시나요 ····················· 16
不見

악양루에 올라 ······························ 20
登岳陽樓

떠도는 밤 생각을 적습니다 ····················· 24
旅夜書懷

강물이 불어나 바다같길래 획 쏜다 ················ 28
江上值水如海勢聊短述

사람이 무섭다 ····························· 32
畏人

제2부

欲大叫
마구 소리 지르고파

산 정상을 올려 보며 ························· 38
望嶽

직장 구하고서 장난삼아 써줍니다 ················· 42
官定後戲贈

봄을 보면서 ······························ 46
春望

수도를 탈출하여 임금님 계신 곳에 도착했다 1 ········ 50
自京竄至鳳翔喜達行在所 其一

초가을 푹푹 찌는데 책상 위 서류는 쌓여가고 ········ 54
早秋苦熱堆案相仍

미친 놈 ··· 58
狂夫

낭주에서 처자식을 이끌고 산을 넘습니다 3 ········ 62
自閬州領妻子却赴蜀山行 其三

봄날 강 마을 2 ·· 66
春日江村 其二

엄무의 상여가 돌아감을 목 놓아 웁니다 ·············70
哭嚴僕射歸櫬

제3부

戰鬼哭

**전쟁터
귀신
곡소리**

뜨겁다 3 ··· 76
熱 其三

눈을 보니까 ··· 80
對雪

석호의 관리 ··· 84
石壕吏

언짢다 5 ··· 88
有感 其五

전쟁터 나가는 사내 ···································· 92
征夫

이 땅 ·· 96
提封

머리글 "사람이 무섭다, 사람을 좋아했던 시인 두보"

제4부

願春遲
봄 더디 가다오

곡강에서 1 ·········· 102
曲江 其一

천천히 걸었다 ·········· 106
徐步

서럽다 ·········· 110
可惜

저녁이 차다 ·········· 114
暮寒

앵무새 ·········· 118
鸚鵡

767년 10월 31일 ·········· 122
大曆二年九月三十日

어릴 적 파상에서 놀았었지 ·········· 126
懷灞上遊

제5부

有斷雲
끊어진 구름 있어

방관 태위님의 묘를 떠나며 ·········· 132
別房太尉墓

친구 고적에게 편지를 쓴다 ·········· 136
寄高三十五詹事

먼저 떠나간 친구의 집을 지나며 1 ·········· 140
過故斛斯校書莊 其一

두선생님께 또 드립니다 ·········· 144
又呈竇使君

못 돌아오네 ·········· 148
不歸

제6부

向夕

**밤이
온다**

해 질 녘 ································· 154
返照

밤이 온다 ································· 158
向夕

캄캄하다 ································· 162
暝

밤 1 ····································· 166
夜 其一

잠이 안 온다 ····························· 170
不寐

강변, 별, 달 2 ··························· 174
江邊星月 其二

쌍풍포에서 ······························· 178
雙楓浦

해제 ·· 182

1부

사람이 무섭다 畏人

설날 아들에게 시를 보여줬습니다

아버지가 손 떤다고 우리 아들이 운다
무럭무럭 자라준 것이 흐뭇해 난 웃었는데
집집마다 새해가 찾아왔는데
먼 땅에 막혀 머물러 있다
떠도는 신세일지라도 건강 기원주는 따라야지
병으로 약해진 몸엔 낡은 침대 하나뿐
아들 녀석을 내 손으로 가르치려니
백발에 선생 노릇이 영 쑥스럽다
시를 적으려다 붓을 떨어뜨릴 지경이어도
오래 살아야되 잔을 들어 다시 건강을 빈다
멀리 떨어져 사는 동생은 어찌 지내고 있으려나
노래 높이 읊조리다 눈물 여러 갈래 쏟았다

元日示宗武

汝啼吾手戰
吾笑汝身長
處處逢正月
迢迢滯遠方
飄零還柏酒
衰病只藜床
訓諭青衿子
名慚白首郎
賦詩猶落筆
獻壽更稱觴
不見江東弟
高歌淚數行

새해 첫 날 아버지가 손 떠는 걸 보고 어린 아들이 울고 있습니다. 웃고 있던 아버지 두보도 이내 같이 울고 맙니다. 이 때가 768년, 아들은 16살이고 두보가 사망하기 2년 전입니다. 아들이 잘 자라줘 웃었다는 구절은 사연이 있습니다. 한 해 전에 큰 아들 종문宗文을 잃었기 때문입니다. 지금 이 아들은 둘째 아들 종무宗武입니다. 손을 떨 정도로 몸 상태가 안 좋지만 직접 아이를 가르치고 있습니다. 두보는 어렸을 때 부모님이 돌아가셔서 고모에게서 자랐다고 합니다. 두보는 성실한 가장이었고 가족과 형제자매들을 끊임없이 돌보고 걱정합니다. 전쟁의 와중에도 막내 동생 가족까지 20여년을 데리고 다니며 부양합니다. 30세에 결혼해서 슬하에 3남 2녀를 두지만 둘을 잃습니다. 아내를 여럿 두는 것이 예사였던 그 시절에도 부인 하나만을 사랑했고 그녀에게 시도 많이 남깁니다. 전란으로 헤어져 지내던 아들이 보고싶다며 남긴 사랑스러운 시가 있습니다. 아버지 손 떠는 걸 보고 울고 있는 이 아들이 꼬마이던 시절입니다.

아이가 생각나서

봄은 왔는데 내 새끼 종문이랑 떨어져 있다니
날씨 푸근해지니 꾀꼬리 소리 진짜 요란하다
이별한 뒤로 놀랄 만큼 계절은 빨리 바뀌는데
이 아이 총명함을 누구한테 자랑치나
냇물은 골골골 텅빈 산 길로 흐르고
사립문에 늙은 나무 서 있는 마을
아이가 보고싶어 애타다가 그만 잠이 들었다
난간 맑은 햇볕 따사로이 등을 쬐다가

憶幼子

驥子春猶隔
鶯歌暖正繁
別離驚節換
聰慧與誰論
澗水空山道
柴門老樹村
憶渠愁只睡
炙背俯晴軒

이백 형 어찌 지내시나요

형님 얼굴 본 지가 너무 오래됐습니다
미친 척 하고 다니실 적에 내 마음 어찌나 쓰리던지
사람들 하나같이 형님 죽이려 들어도
나만큼은 그 재주 아껴했습니다
시 천 수를 한 숨에 써내리셨었죠
지금은 쓸쓸히 술 한 잔 하고 계시려나요
어릴적 책 읽던 곳에 계신다고 들었습니다
백발 머리 돌아가 편히 지내셔야 할 텐데요

不見

不見李生久
佯狂眞可哀
世人皆欲殺
吾意獨憐才
敏捷詩千首
飄零酒一杯
匡山讀書處
頭白好歸來

두보는 761년 50세에 이 시를 쓰며 짧은 설명을 달아놓습니다. "근래 이백의 소식을 들을 수가 없다.近無李白消息" 불길한 느낌은 들어맞아서 이백李白 701~762은 이듬해 사망합니다. 744년 두보와 이백은 처음 만납니다. 두보는 33세, 이백은 44세. 두 사람은 1년 넘게 같이 다니며 대자연을 유람하며 교류합니다. 하지만 계속 함께 하기는 어려웠습니다. 이백은 궁궐 벼슬에서 쫓겨난 직후였고 두보는 한창 관직을 알아보던 시기였기 때문이죠. 또 두 사람의 기질이나 지향점이 달라서 이백은 도교에 심취하여 신선 사상을 믿는 반면에 두보는 유교적 이상주의를 추구하였습니다. 두 사람은 이듬해 745년 이별하고서 다시는 만나지 못합니다. 두보는 이백의 작품 세계를 높이 평가하였고 인간적으로도 깊이 따랐기 때문에 평생을 두고 이백을 그리워하는 시를 많이 남깁니다. 이에 비해 이백이 두보에게 남긴 시는 몇 편 뿐입니다. 두 사람이 헤어질 때 이백이 두보에게 주었던 시가 있습니다.

노군 동쪽 석문에서 두보를 떠나 보내며

이리 취한 채로 헤어지면 또 어느 날에 보려나
누대에 올라 못 가를 샅샅이 두루 보았다
언제쯤 석문 앞 길에서 만나
다시 술통을 열게 될까
가을 파도는 사수 강물로 잦아들고
바다에는 조래산이 밝게 비친다
너도 나도 잡풀처럼 각자 멀리 나뒹굴겠구나
그저 손에 든 잔이나 비워버린다

魯郡東石門送杜二甫

醉別復幾日
登臨遍池台
何時石門路
重有金樽開
秋波落泗水
海色明徂徠
飛蓬各自遠
且盡手中杯

악양루에 올라

어릴 적부터 들어왔던 동정호
오늘에서야 악양루에 올랐다
옛 오나라 초나라 땅을 동남으로 갈라놓고
하늘과 땅은 밤과 낮으로 떠 있다
친척도 친구도 소식 한 자 알 수 없고
늙고 병든 이 몸은 외로운 배 한 척 뿐
관산 너머 북쪽은 전쟁 중인데
난간에 기대 눈물만 쏟는다

登岳陽樓

昔聞洞庭水
今上岳陽樓
吳楚東南坼
乾坤日夜浮
親朋無一字
老病有孤舟
戎馬關山北
憑軒涕泗流

두보는 당나라의 수도 장안 근처에서 나고 자랐습니다. 두보가 태어난 712년은 양귀비와의 사랑으로 유명한 현종玄宗 685~762이 즉위한 해입니다. 현종은 고구려와 백제를 무너뜨린 당 고종高宗 628~683의 손자입니다. 두보가 태어나기 50여년 전인 660년에 백제가 멸망하고 668년에 고구려가 멸망했으니 현종, 양귀비, 김춘추, 김유신, 연개소문, 대조영 등이 모두 두보의 바로 앞 세대의 인물들입니다. 이토록 초강대국이었지만 50년이 채 지나지 않아 755년 안록산의 난으로 온 나라가 전쟁터로 변합니다. 763년에 평정되지만 9년 동안 나라를 뒤흔들어놓아 중앙집권체제가 무너지고 경제, 사회, 문화 등 기본질서가 근본적으로 달라집니다. 두보 역시 생의 절반은 평화로운 시기에 보내지만 생의 나머지 절반을 참혹한 전쟁기에 보냅니다. 최고의 강대국에서 하루 아침에 전쟁터로 몰락한 것을 어이없어 하는 두보의 시가 있습니다.

진주에서 이것 저것 쓴 시 11 중에서

을씨년스러운 옛 요새가 차갑다
가을 구름은 낮게 깔려 아득히 멀다
……
상상이나 했던가 글이나 읽던 내가
늘그막에 전쟁 북소리 질리게 듣고 살 줄이야

秦州雜詩 其十一 中

蕭蕭古塞冷
漠漠秋雲低
……
不意書生耳
臨衰厭鼓鼙

떠도는 밤 생각을 적다

가녀린 풀 사알살 바람 이는 언덕
아슬아슬 솟은 돛대 홀로 남겨진 밤 배
탁 트인 평야로 별은 내리 쏟아지는데
크게 흐르는 강물에 달이 움쑥 솟았다
글 재주로 무슨 이름을 드러내겠다고
늙고 아프고 이젠 명예도 내려놔야 하겠지
이 쓸쓸한 떠돌이를 뭐랑 같다고 할까?
온 세상 천지에 한마리 모래펄 갈매기!

旅夜書懷

細草微風岸
危檣獨夜舟
星垂平野闊
月湧大江流
名豈文章著
官應老病休
飄飄何所似
天地一沙鷗

두보는 평생을 떠돌아 다닙니다. 젊어서는 관직을 얻기 위해 자신을 알리려고 고관대작을 찾아 떠돌고, 늙어서는 전쟁을 피해 가족의 안위를 위해 떠돕니다. 4~5년 잠시 정착할 때를 제외하고는 평생 떠돌이 신세입니다. 최후에는 고향으로 돌아가겠다고 배 한 척을 구해서 이동하다가 결국은 배 위에서 생을 마감합니다.

이 번역집을 집필했던 부론면은 조선시대 시인 손곡蓀谷 이달李達 1539?-1611?의 고향입니다. 홍길동전의 저자 허균의 스승으로 더 잘 알려져 있는데 소설 속 주인공 홍길동의 모델이라는 얘기가 있습니다. 뛰어난 재능을 가졌음에도 서자라는 신분의 한계로 이곳 저곳을 떠돌다가 임진왜란이 발발하고 전쟁의 참상을 겪습니다. 재미있는 것은 이달이 두보의 시를 추종했던 조선시대 삼당三唐시인 중 한명입니다. 떠도는 삶, 전쟁의 비극, 재능을 펼치지 못한 울분 등이 두보와 닮았습니다. 이달이 토로합니다. 꿈을 위해 떠돌자니 고달프고 편하게 주어진 대로 살자니 답답하다구요.

떠돈다

억지로 떠도니 고달프기 그지 없고
머무르자니 뜻대로 되는 것이 없다
잠 못드는 나그네의 새벽
컹컹 개가 사립문에서 한 차례 짖었다
떨어지는 달빛은 빈 방을 기웃거리고
차가운 바람이 낡은 휘장을 살며시 흔든다
내일 아침 강 따라 난 길로 내려가며
주인께 정말 고맙다고 인사 드려야지

旅遊

行役愁難盡
淹留計已違
三更無客夢
一犬吠柴扉
落月窺虛廡
寒風動弊幃
明朝下江路
深謝主人歸

강물이 불어나 바다같길래 휙 쓴다

생겨먹기를 멋진 글에 욕심 많은 지라
남들이 내 글에 놀라지 않으면 죽어도 못 그만두는데
나이 들어 시가 흐물흐물대니
꽃 피고 새 우는 봄이 와도 억지로 소재 삼지 않는다
물 새로 불어난 난간에는 낚시대를 드리울 수가 있다
원래 바닥에 걸려있던 뗏목이 배처럼 넘실 흘러 들어온다
난 언제쯤 도연명과 사령운처럼 멋진 솜씨로
그들과 함께 시 쓰며 노닐어 볼 수 있을까

江上值水如海勢聊短述

爲人性僻耽佳句
語不驚人死不休
老去詩篇渾漫與
春來花鳥莫深愁
新添水檻供垂釣
故著浮槎替入舟
焉得思如陶謝手
令渠述作與同遊

작은 냇물이 큰 비로 갑자기 불어나 뗏목이 큰 배처럼 들어오는 걸 보고 문득 자신의 예술세계가 작은 강처럼 초라하게 느껴진 모양입니다. 시인의 금기 중 으뜸은 무병신음無病身吟이라고 합니다. 아픈 데도 없으면서 끙끙대며 거짓 슬픔을 자아내는 것. 그래서 단골 소재인 꽃과 새를 근심스러움을 담는 억지 소재로 삼지 않겠답니다. 시가 독자적인 예술로 인식되는 오늘날과 달리 그 당시는 사대부들의 소통 방법이자 출세 수단이라는 성격이 강했습니다. 하지만 두보는 전문 시인을 자처합니다. 모든 것을 시로 씁니다. 비가 온다고, 보고 싶다고, 화가 난다고, 가만히 있다가도.

두보가 그토록 본받고 싶어하는 도연명陶淵明은 누구인가요? 도연명은 현령으로 부임한지 석 달이 안되어 사직서를 던지며 이런 말을 남겼다고 합니다. "어찌 다섯 말 녹봉때문에 허리를 굽신거리겠는가." 벼슬을 버리고 고향에 도착해서 남긴 시가 유명한 귀거래사歸去來辭입니다.

자! 돌아가자 중에서

정신이 육체에 부림받던 날들이여
이미 지난 것들을 탓해봐야 무엇하겠나
　　　……
이제부터라도 제대로 살면 되지
길 잘못 들어 헤매긴 했으나 아직 안 늦었다
지금 옳고 그 때는 잘못된 것임을 깨달았으니

歸去來兮 中

旣自以心爲形役
悟已往之不諫
　　……
知來者之可追
實迷塗其未遠
覺今是而昨非

사람이 무섭다

여기저기 꽃들이 성급히 피어났습니다
낯선 땅에도 봄 왔다고 새가 웁니다
저기 끝없이 맑은 강물 위로
해 떨어지는 것도 삼년 째
사람이 무서워 나만의 장소 만들었더니
속좁은 사람 숨어살기 어찌나 딱인지
집앞 길 잡초 덤불 무성해도 내버려 둡니다
누가 찾아오려나 기대하는 마음 없으니까요

畏人

早花隨處發
春鳥異方啼
萬里清江上
三年落日低
畏人成小築
褊性合幽棲
門徑從榛草
無心待馬蹄

두보가 숨어 지냅니다. 사람이 무서워서라고 합니다. 돌이켜보면 희로애락이 모두 사람 때문입니다. 바닷물을 다 퍼내면 바다도 그 바닥을 드러내 보이지만 사람은 한 뼘밖에 안 되는 그 속을 죽어도 볼 수가 없습니다. 당나라의 시인 두순학杜荀鶴 846-904(907?)의 시입니다.

이런저런 생각

바다는 크디 커도 파도는 얕게 치건만
사람은 조그마한데도 그 마음 끝없이 깊다
퍼내고 퍼내면 바다도 바다을 보이건만
사람은 그 속을 죽어도 알 수가 없다

感遇

大海波濤淺
小人方寸深
海枯終見底
人死不知心

사람에 대한 기대가 처절하게 무너지는 어느 날, 안개 속을 걸어봐야 혼자임을 깨닫게 됩니다. 누가 찾아올까 기대하는 마음 없다던 두보는 아마도 독일의 시인 헤르만 헤세 Hermann Hesse 1877-1962가 안개 속에서 내린 결론에 동의했겠지요?

안개 속 중에서

안개 속을 다니다 보면 묘하다
엉클어진 풀도 돌도 다 외롭다
나무들도 다른 나무를 보지 못한다
모두가 혼자다

세상은 친구로 가득했다
내 삶이 산뜻하던 그 때는 말이지
하지만 이제 안개 내리니
아무 것도 보이지 않는다
　　　……
산다는 건 외로움이다
모두가 혼자다

Im Nebel 중에서

Seltsam, im Nebel zu wandern!
Einsam ist jeder Busch und Stein
Kein Baum sieht den andern
Jeder ist allein

Voll von Freunden war mir die Welt
Als noch mein Leben licht war
Nun, da der Nebel fällt
Ist keiner mehr sichtbar
　　　……
Leben ist Einsamsein
Jeder ist allein

2부

마구 소리 지르고파 欲大叫

산 정상을 올려보며

대체 어떻길래 대종산 대종산 하는지 올라봤다
선조들 옛 땅으로 푸르름이 끝이 보이질 않는다
대자연에 조물주가 온갖 솜씨를 심어놓았는데
어둡고 환한 데를 저녁과 새벽으로 갈라놓았다
층층이 솟아 생겨나는 구름에 가슴이 터져버릴 것 같다
눈을 부려뜨고 날아드는 새를 바라본다
반드시 제일 높은 곳에 올라서서는
뭇 산들의 초라함을 주욱 둘러봐 주리라

望嶽

岱宗夫如何
齊魯青未了
造化鍾神秀
陰陽割昏曉
蕩胸生曾雲
決眥入歸鳥
會當凌絕頂
一覽眾山小

736년 25세, 청년 두보의 기상입니다. 제일 높은 곳에 올라 발 아래 봉우리들의 초라함을 내려보겠답니다. 당시 관직에 오르는 방법은 과거에 합격하든지 아니면 인맥을 통해서 발탁되든지였습니다. 두보가 과거에 응시하던 해의 사건입니다. 이임보라는 간신이 이미 훌륭한 신하들이 많아 더 이상 뽑을 인재가 없다고 임금을 설득하여 합격자 없음이라는 황당한 시험결과를 발표합니다. 이제 남은 방법은 인맥과 추천 뿐인데 명문가 출신이 아니면 인맥을 통해 관직에 진출하는 것도 쉽지 않은 일이었습니다. 두보는 황족, 먼 친척, 문관, 무관 등 닥치는 대로 찾아가 시를 바치고 눈도장을 받으려고 애씁니다. 이러한 구직 활동은 20년 가까이 이어졌지만 소득은 전혀 없었습니다. 몸도 고생이지만 마음의 굴욕이 더 큽니다. 뭇 산들이 초라함을 내려다보겠다며 꿈을 키우던 청년 두보가 12년 뒤 37세에 쓴 시가 있습입니다. 자신을 좀 알아달라는 처절한 몸부림입니다.

위 좌승 어르신께 올립니다 중에서

귀족들은 굶어죽을 리 없겠죠
선비는 내 한 몸 추스리기도 벅찹니다
　　　　　　……
아침이면 부잣집 문을 두드려 댑니다
저녁이면 살찐 말 뒤따르다 먼지 뒤집어 씁니다
남이 마시다 남은 술에 식어버린 고기
가는 곳마다 슬픔과 쓰라림 뿐입니다

奉贈韋左丞丈 中

紈袴不餓死
儒冠多誤身
　　……
朝扣富兒門
暮隨肥馬塵
殘杯與冷炙
到處潛悲辛

직장 구하고서 장난삼아 써줍니다

처음 제안받은 하서위 자리를 사양한 건
굽신굽신 윗 사람 비위 맞추기가 싫어서죠
나이 먹고 분주히 뛰어 다녀야 하다니요
지금 직장은 그나마 꼭 할 일만 하면 됩니다
술이라도 마실 욕심에 쥐꼬리 봉급이라도 받게 됐으니
임금님 계신 궁궐을 향해 지멋대로 노래 흥얼거립니다
고향으로 돌아갈 생각하니 너무 너무 신이 납니다
고개를 돌려 돌개 바람을 쳐다봅니다

官定後戲贈

不作河西尉
淒涼爲折腰
老夫怕趨走
率府且逍遙
耽酒須微祿
狂歌托聖朝
故山歸興盡
回首向風飆

755년 44세, 벼슬을 구하러 다닌 지 20년이 넘어서야 처음으로 관직을 받습니다. 두보는 이 시에 "우위율부병조가 되었다時免河西尉爲右衛率府兵曹"고 스스로 설명을 달아놓았습니다. 우위율부병조는 황태자 소속 호위 부대의 인사 관리직이었다고 하니 두보가 바라던 관직과는 한참 거리가 멉니다. 임금을 받들어 백성을 편안히 하고 유교적 이상주의를 펼치겠다는 이상은 어림도 없습니다. 가장 높은 곳에 올라 뭇 산들의 초라함을 내려보겠다던 두보가 만족할 자리가 아닙니다. 하지만 가족의 생계가 막막한데 막연히 더 좋은 자리를 기다릴 수 없어 부득이 받은 관직입니다. 한 해 전인 754년, 구직 생활이 너무 길어지고 가족을 부양하기 힘들어지자 봉선奉先이라는 마을에 가족들을 맡겨놓고 서로 떨어져 지냈었습니다. 성에 차지 않는 관직을 받아들인 이유가 가족을 부양하려는 것이었으므로 직장을 구하자마자 가족들을 데려오기 위해 봉선을 찾아갑니다. 그 곳에 도착했는데 뜻밖의 소식을 듣습니다. 아버지가 직장을 구하는 사이에 굶주림으로 막내 아이가 세상을 떠난 것입니다. 삶은 고달프고 시련은 끝이 없습니다. 이 슬픔을 시로 남깁니다.

서울에서 봉선현으로 가며 심정을 적습니다 중에서

늙은 부인을 다른 고을에 맡겨 놓고는
식구 열 명이 눈바람에 서로 떨어져 살았습니다
문을 들어서는데 울음소리 들립니다
어린 아이가 굶어 죽었다네요
　　　……

부끄럽게도 사람의 아비가 되어
어린 자식을 먹이지도 못하고 먼저 보냈습니다
가을이라 벼라도 거두어 먹었겠거니 했더니만
가난으로 이런 일 벌어질 줄은 정말 몰랐습니다

自京赴奉先縣詠懷 中

老妻寄異縣
十口隔風雪
入門聞號咷
幼子餓已卒
　……
所愧爲人父
無食致夭折
豈知秋禾登
貧窶有倉卒

봄을 보면서

나라는 부서졌어도 산과 강은 그대로 있다
봄이라고 성 안의 풀도 나무도 푸르러간다
시절을 느껴 꽃들도 눈물을 뿌리게 하고
이별이 한스러워 새들도 마음 놀래킨다
봉화 불은 석 달째 불타 오르고
가족 소식은 억만금보다 귀하다
흰머리 긁어대니 자꾸 빠져서는
힘껏 쥐어도 모을 머리가 없다

春望

國破山河在
城春草木深
感時花濺淚
恨別鳥驚心
烽火連三月
家書抵萬金
白頭搔更短
渾欲不勝簪

첫 관직을 받은 그 해 11월, 가족을 데리러 가는 길에 전쟁이 터집니다. 안록산의 난으로 수도가 함락되고 임금은 지방으로 도망을 갔으니 관직 자리는 아무 의미가 없습니다. 이 시는 757년 46세 봄, 성 안에 포로로 갇힌 상태에서 쓴 시입니다. 하지만 점령당한 성 안에서 신세한탄만 할 것 같은 시의 내용과는 달리 두보는 놀라운 계획을 세웁니다. 남들을 놀래키지 못하면 죽어도 그만두지 못한다不驚人死不休는 기질은 권력과 명예를 향한 의지에도 해당되는 것이었습니다. 오히려 어수선한 시국을 자신이 그토록 원했던 자리를 얻을 수 있는 기회로 여깁니다. 적군의 감시가 소홀한 틈을 타 성을 탈출해서 임금의 피신 장소로 찾아가려는 모험을 감행합니다. 두보의 높은 정치적 이상과 자리에 대한 의지가 얼마나 강한 지 잘 보여주는 시가 있습니다. 늙은 말도 지혜로워서 쓰일 데가 있다며 자신이 쓰임받지 못함을 아쉬워합니다. 사망하기 1년 전에 쓴 시입니다. 하물며 성공에 목말라 있던 혈기왕성한 시절의 두보는 충분히 탈출을 감행하고도 남습니다.

강한

고향으로 돌아가려는 강한의 나그네
세상에 흔해 빠진 선비라지
조각 구름은 하늘과 함께 멀고
긴긴 밤은 달과 같이 외롭다
해는 졌어도 마음만은 청년이지
가을 바람에 병도 다 나은 듯 하다
예로부터 늙은 말을 두는 건
먼 길을 타고 가려는 것만은 아닌데

江漢

江漢思歸客
乾坤一腐儒
片雲天共遠
永夜月同孤
落日心猶壯
秋風病欲蘇
古來存老馬
不必取長途

수도를 탈출하여 임금님 계신 곳에 도착했다 1

피난 가신 임금님의 소식을 기대했건만
끝내 돌아오는 사람이 없었다
눈이 빠져라 해 질때까지 바라보다가
차가운 재를 덮어 쓴 듯 풀 죽어 버렸다
무성한 길가의 나무들이 나를 끌어주다니
산들이 연이어 홀연히 열렸다
날 알아보는 이들이 몰골에 놀라며
도적떼에서 빠져 나오느라 죽을만큼 고생했다고 한다

自京竄至鳳翔喜達行在所 其一

西憶岐陽信
無人遂却回
眼穿當落日
心死著寒灰
茂樹行相引
連山望忽開
所親驚老瘦
辛苦賊中來

757년 4월 46세, 두보는 임금이 있는 곳을 향해 전쟁 포로로 갇혀있던 성을 탈출합니다. 탈출하다 발각되면 죽임을 당할 수도 있고, 탈출에 성공했다고 해서 임금을 만날 수 있을 지도 알 수 없고 온통 불안함 뿐입니다. 하지만 이 무모한 계획은 제대로 맞아 떨어집니다. 옷은 다 찢어지고 낡은 짚신에 몰골인 채로 고관대작들이 모두 모인 자리에서 임금을 알현하게 됩니다. 지난 30년간 고생하며 쌓아둔 인맥도 있는지라 궐 안에 자신을 알아보는 이도 있었던 것 같습니다. 드디어 고난의 시간들을 보상받습니다. 한달 뒤인 5월 16일, 두보를 좌습유에 임명한다는 임금의 조서가 내려옵니다. 궐 내에서는 종8품 하위직이지만 이전에 받았던 관직과는 비교도 할 수 없을만큼 높은 자리입니다. 어쨌든 임금을 가까운 곳에서 모시며 고관대작들과 함께 일할 수 있으니까요. 전쟁이라는 어수선한 상황을 그토록 바라던 명예를 얻을 기회로 멋지게 바꿔버린 승부사 두보. 임금과 신하들 앞에서 격한 환영과 동정을 받았던 극적인 순간을 스스로 기록한 시가 있습니다.

생각난 것을 적다

지난 여름 초목이 우거질 때
몰래 빠져나와 서쪽으로 내달렸다
짚신을 신은 채 임금님을 만나뵈었는데
양 옷소매 팔꿈치가 다 드러났었지
조정은 살아온 나를 불쌍히 여기고
날 아는 이들은 늙고 초췌한 내 모습에 아파했다
눈물로 좌습유 벼슬을 받았다
떠돌던 나에게 엄청난 은혜를 베풀어주셨다

述懷

今夏草木長
脫身得西足
麻鞋見天子
衣袖露兩肘
朝廷愍生還
親故傷老醜
涕淚授拾遺
流離主恩厚

초가을 푹푹 찌는데 책상 위 서류는 쌓여가고

9월인데도 불볕 더위가 사람을 쪄죽이려 든다
밥을 앞에 두고 입에 대보려다가 도저히 못먹겠다
밤만 되면 곳곳에 전갈이 돌아다녀 겁이 난다
가을 된 지가 언제인데 파리가 들끓으니 이 무슨 일인지
관복 허리띠 매면 돌아버릴 것 같아 큰 소리 지르고 싶은데
서류에다 공문에다 어찌 이리도 급히 쌓이고 또 쌓이는지
남쪽 작은 골짜기에 푸른 소나무들이 둘러섰다
겹겹이 쌓인 얼음을 맨발로 밟아볼 방법은 없을까?

早秋苦熱堆案相仍

七月六日苦炎蒸
對食暫餐還不能
常愁夜中自足蠍
況乃秋後轉多蠅
束帶發狂欲大叫
簿書何急來相仍
南望青松架短壑
安得赤腳踏層冰

758년 초가을 47세, 왜 이렇게 짜증 섞인 시를 남겼을까요? 두보가 좌습유에 임명될 때 방관房琯이라는 재상의 추천이 있었습니다. 방관은 두보가 성을 탈출하기 1년 전에 반란군 진압의 중책을 맡고 군사 4만을 이끌고 정벌에 나섰다가 대패하여 군사를 모두 잃습니다. 그 책임으로 좌천되는 때가 하필이면 두보가 좌습유 벼슬을 받은 직후입니다. 두보는 이 조치가 과하다며 임금에게 반박 상소문을 올렸고 분노한 임금은 두보를 죽이라고 명령하지만 신하들의 만류로 겨우 목숨을 건집니다. 이 사건이 6월 1일이니까 5월 16일에 관직을 받고 보름도 지나지 않아서입니다. 결국 이듬해 758년 6월 궁궐에서 쫓겨나 화주사공참군華州司功參軍이라는 낮은 관직으로 발령받습니다. 이 시는 좌천 직후에 쓴 것입니다. 30년을 고생하고 목숨을 건 모험을 통해 얻은 자리가 허무하게 끝나버립니다. 두보는 곧 좌천된 자리를 박차고 먼 길을 떠납니다. 운명은 이제 두보를 진정한 시인으로 몰아갑니다. 한유韓愈 768~824는 송맹동야서送孟東野序에서 "사람은 편안하지 않아야 운다不平則鳴"고 말합니다. 이 때부터 두보는 마구 울기 시작합니다.

사물은 화평함을 얻지 못하면 운다. 풀과 나무는 소리내지 못하지만 바람이 흔들어대면 운다. 물은 소리를 내지 못하지만 바람이 들썩이면 운다. …… 쇠와 돌은 소리를 내지 못하지만 두들기면 운다. 사람이 말하는 것 역시 마찬가지다. 얻지 못하고 나서야 말을 한다. 노래하는 건 느낌이 생겨서고 우는 것은 감정이 생겨서다. 입에서 나와 소리를 내는 것은 다 평탄하지 않아서다.

大凡物不得其平則鳴. 草木之無聲風撓之鳴. 水之無聲風蕩之鳴. …… 金石之無聲或擊之鳴. 人之於言也亦然有不得已者而後言. 其歌也有思其哭也有懷. 凡出乎口而爲聲者其皆有弗平者乎.

미친 놈

만리교 서쪽 풀로 엮은 집 한 채 있습니다
백화담 연못 물이 찰랑찰랑 거리고 있네요
바람은 푸른 대나무를 머금어 곱디곱게 맑구요
비는 붉은 연꽃을 적셔 보들보들 향기롭습니다
신세 좀 질만한 친구들은 연락도 안되고
제대로 못먹어 칭얼대는 어린 것들 낯빛은 언제나 처량한데
곧 죽어 도랑에 구르게 생겼어도 멋대로 삽니다
내가 생각해도 미쳤구만 비웃으며 더욱 미쳐갑니다

狂夫

萬里橋西一草堂
百花潭水卽滄浪
風含翠篠娟娟淨
雨裛紅蕖冉冉香
厚祿故人書斷絶
恒飢稚子色淒凉
欲塡溝壑惟疎放
自笑狂夫老更狂

758년 방관을 비롯한 정치 일파는 일제히 숙청을 당하는데 두보 역시 이에 포함되었고 좌천된 낮은 관직에 만족할 리 없는 두보는 자리를 버리고 떠납니다. 760년 49세, 장안으로부터 수백리 떨어진 성도成都라는 곳에 작은 거처를 마련하고 지냅니다. 그토록 어렵게 얻은 모든 것이 순식간에 끝나 버렸습니다. 목숨을 잃을 뻔 했다가 간신히 살아난 그가 스스로 나 미쳤다고 노래하고 있습니다. 광기는 순간이지만 망가진 현실은 오래도록 이어집니다. 삶을 다시 설계해야 하지만 무기력하기만 합니다. 구석으로 내몰린 광기는 본격적으로 시를 향합니다. 음악도, 시도, 미술도 제 정신으로 도달할 수 있는 게 아닌가 봅니다.

예술가가 미쳤다는 것이 뭐 그리 대수인가?
우리는 그림으로 세상을 말하는 사람 아닌가?
내가 약간 미친 것 같기는 하다.
그럼 어때, 그림으로부터 위로를 받으며 착하게 지내며
보상받으면 되지 않을까?

　　　　　- 1889년 1월 28일, 고흐의 편지 중에서

낭주에서 처자식을 이끌고 산을 넘습니다 3

다니는 길인지 아닌 지도 모를 길을 계속 갑니다
사람 사는 집을 만났다가 또 멀어집니다
짐꾼 목소리만 대나무 숲을 뚫고 들리는데
아이들은 구름 속으로 들어가 소리를 질러 댑니다
돌을 굴려대니 도깨비들 놀라 깨어나겠네
활을 당겨대니 나무 위 원숭이들 다 떨어지겠네
다같이 신나게 한바탕 웃어 제끼니
곤궁한 이 길에 위로라도 삼으라는 것 같습니다

自閬州領妻子却赴蜀山行 其三

行色遞隱見
人煙時有無
僕夫穿竹語
稚子入雲呼
轉石驚魍魅
抨弓落狖貙
真供一笑樂
似欲慰窮途

764년 53세, 가족의 안위와 생계를 위해 험한 길을 이동하는 중입니다. 온 나라가 전쟁 중인 천년 전 산길입니다. 적군을 만날 지, 산적을 만날 지, 맹수를 만날 지 알 수 없습니다. 철없는 아이들은 소리를 지르고 돌 굴리고 활 쏘고 신이 났습니다. 가장 의지할 만한 사람인 엄무嚴武, 726-765가 인근 지역의 장관으로 부임한다는 소식을 듣고 그 곳으로 향하는 길입니다. 예나 지금이나 먹고 사는 일은 그 어떤 두려움보다 앞서나 봅니다. 두보가 속했던 정치 일파는 대부분 권력에서 밀려나지만 엄무는 계속 요직에 등용됩니다. 세 명의 임금을 모시며 권력을 유지합니다. 이런 존재가 가까운 곳 장관으로 부임하는데 안갈 수 없습니다. 그를 찾아가면 가족들도 부양할 수 있고 아직 못다한 꿈을 이룰 기회가 생길 지도 모르니까요. 이 시는 세 편으로 구성되는데 웃음으로 마치는 이 시와 달리 첫째, 둘 째 시에서는 두려움을 드러냅니다. 가족의 운명을 지고 이동하는 가장은 웃어도 웃는게 아닙니다.

낭주에서 처자식을 데리고 산을 넘습니다 2,1 중에서

언제라야 전쟁은 끝나려나
떠돌아 다니려니 늙은 아내 보기가 부끄럽다
　　　……
이내 삶 붙어 의지할 곳 없으니
온 가족의 운명이 두려운 길에 놓였다

自閬州領妻子却赴蜀山行 其二, 其一 中

何日干戈盡
飄飄愧老妻
　……
我生無倚著
盡室畏途邊

봄날 강 마을 2

멀리멀리 남쪽 땅으로 내려와서는
의욕도 희망도 없이 6년이 지났다
타향 살이 중에 엄무를 만나게 되니
숲 속 샘물 따라 흥이 절로 생겨난다
게을러 터져 옷 대충 꿰매 걸치고
하도 돌아다녀 구멍난 신발도 내버려 둔다
그래도 마당 울타리는 꽤나 널직해서
제멋대로인 기분이 강으로 하늘로 뻗어난다

春日江村 其二

迢遞來三蜀
蹉跎有六年
客身逢故舊
發興自林泉
過懶從衣結
頻遊任履穿
藩籬頗無限
恣意向江天

기대했던대로 엄무는 살갑게 두보를 맞이해 주었고 두보는 든든한 후원자의 곁에서 안정을 되찾습니다. 또 친한 친구 고적高適 707~765이 자신이 머물던 성도成都에서 가까운 팽주彭州의 지방관으로 부임합니다. 엄무가 화려한 행차를 이끌고 위세를 떨치며 두보의 집으로 방문해 그 지역이 들썩일 정도로 성대한 잔치를 베풀기도 하고, 고적은 두보의 집에 두 차례 들러 쌀을 비롯한 선물도 주고 갑니다. 청년 시절을 제외하면 이때가 두보의 삶에서 비교적 평온한 시기에 해당하는데 특히 760년부터 764년 사이는 특유의 침울한 시풍을 지닌 두보에게서도 밝은 분위기의 시가 종종 보입니다.

764년 엄무가 성도 지역 장관으로 부임하기 직전에 두보에게 보낸 시가 있습니다. 자신에게 와서 일하라고 권하면서 힘든 일은 시키지 않겠다는 뜻도 담습니다. 사회 생활에 은근히 적응하지 못하던 두보의 성격까지 잘 알고 미리 배려해 주는 든든한 존재였습니다. 젊은 시절 지독하게 고생했던 두보도 뒤늦게야 편안한 말년을 기대할 수 있게 됩니다.

금강에 사는 두보의 집으로 부칩니다

맘 내킬 때 강으로 나가 낚싯대 드리우시다가
아무 데나 누워 자다가 바람소리 물소리 즐기시지요
억지로 힘든 일 맡기지도 않을 겁니다
어이 관직을 맡으려 들지 않으시나요
뱃 속에 든 책들은 고요할 때 말리고
손에 집어든 의서는 조용한 곳에서 보다가
풍류의 흥이 일면 준마처럼 내달아
마침내 사군 여울까지 갈 수도 있으실 겁니다

寄題杜拾遺錦江野亭

漫向江頭把釣竿
懶眠沙草愛風湍
莫倚善題鸚鵡賦
何須不著鵔鸃冠
腹中書籍幽時曬
時後醫方靜處看
興發會能馳駿馬
終當直到使君灘

엄무의 상여가 돌아감을 목 놓아 웁니다

흰 천 상여는 흐르는 물을 따릅니다
돌아가는 배는 고향을 향하겠지요
연로하신 어머니는 어제 모습 그대로신데
그대 머물던 군대와 병사들은 사뭇 다릅니다
바람은 용 무늬 새겨진 관을 전송하고
하늘은 그대 있던 병영으로 길게 뻗었습니다
한바탕 울고 나니 협곡에 지는 해
당신의 깊은 정을 내게 보이시는 듯 합니다

哭嚴僕射歸櫬

素幔隨流水
歸舟返舊京
老親如宿昔
部曲異平生
風送蛟龍匣
天長驃騎營
一哀三峽暮
遺後見君情

운명이 두보를 가만히 놔둘 리가 없습니다. 삶을 계속 고달프게 해서 더욱 슬픈 노래를 부르게 만듭니다. 765년 4월, 엄무가 40세로 사망합니다. 성도 지역 장관으로 부임한지 일 년도 지나지 않아서입니다. 이보다 석달 전인 1월에는 친구 고적도 사망합니다. 두보가 든든하게 기댈만한 존재는 거의 다 사라졌고 다시 살 길을 모색해야 합니다. 엄무의 죽음은 슬픔 이상의 복잡한 감정이었을 겁니다. 4월에 엄무가 죽자 두보는 곧바로 배 한 척을 구해 5월에 그 곳을 떠납니다. 강으로 이동하여 고향으로 돌아갈 계획을 세웁니다. 이 때가 54세였는데 배 위의 생활은 5년간 지속됩니다.

어느 날 두보가 고향을 향해 날아가는 기러기 떼를 바라보는데 무리 중 한 마리가 날개에 활을 맞아 대열에서 이탈합니다. 혼자 낙오된 기러기는 애타게 울어대지만 무리는 멀리 사라져 버립니다. 낙오된 한 마리 기러기처럼 두보도 고향에 이르지 못하고 배 위에서 59년의 생을 마감합니다. 770년 봄, 두보가 사망한 해에 쓴 시입니다.

돌아가는 기러기 2

눈 내릴 것 같으면 북쪽 땅을 떠나더니
꽃보다 먼저 남쪽 구름과 작별한다
맑은 위수 강을 지나는 건
동정호에서 높은 날아 오른 무리들이로구나
북쪽 땅 봄 녹음은 저물었을지
장강의 남쪽 햇빛은 황혼녘인데
활에 맞아 상한 날개로 떨어지고는
일행들 보이지 않으니 차마 들어줄 수가 없다

歸雁 其二

欲雪違胡地
先花別楚雲
却過淸渭影
高起洞庭羣
塞北春陰暮
江南日色曛
傷弓流落羽
行斷不堪聞

3부

전쟁터 우는 귀신 戰鬼哭

뜨겁다 3

붉은 자두 물에 담가놔도 차갑지를 않고
밥은 끼니마다 새로 지어야 한다
쇠약해져 몸은 온통 병 투성이
더위를 먹어 밥 해 먹기도 버겁다
폭염으로 푹푹 쪄서 세상이 가마솥인데
바람 따라 구르는 군인들은
십 년 동안 갑옷 한 번 벗었으려나
그대들 생각에 눈물을 적신다

熱 其三

朱李沈不冷
雕胡炊屢新
將衰骨盡痛
被褐味空頻
欻翕炎蒸景
飄颻征戍人
十年可解甲
爲爾一霑巾

군복무 시절 8월 한여름에 3박 4일짜리 여름 훈련을 받았던 기억이 납니다. 푹푹 찌는 더위에 며칠 동안 씻지를 못하니 군복을 접어 올린 팔뚝은 뭐든 닿으면 쩍쩍 들러붙습니다. 비까지 내리는 날은 땀 냄새와 악취 범벅입니다. 산 속에서 임시 막사를 치고 잠을 잘 때면 산모기가 어찌나 매섭게 달려들던지. 나흘짜리 훈련이 이러한 데 십 년을 전쟁터에 나가있던 옛 군인들은 어땠을 지 상상하기도 어렵습니다.

이 시는 세 개의 시로 구성된 연작시입니다. 첫째와 둘째 시는 오직 더위만을 노래합니다. 첫째 수熱其一의 1~2구「雷霆空霹靂 雲雨竟虛無」는 열 글자 중에서 비雨가 포함된 글자가 다섯 개나 됩니다. 또 모든 글자 위의 부수가 답답하게 덮혀 있어서 비가 올 듯 말 듯 결국 내리지 않는 비를 시각적으로도 연출합니다. 셋째 수熱其三의 5구「炊鬻炎蒸景」는 다섯 글자 중 세 글자에 불火를 배치하여 불더위를 묘사합니다. 이렇게 비와 무더위라는 소재로 묘사를 이어가다가 셋째 수 마지막 구에서 느닷없이 전쟁터의 군인을 끌고 옵니다. 밥 맛도 잃고 숨 쉬기도 힘들 정도로 고통스러운 더위는 십년간 옷 한 벌 갈아입지 못한 군인들 앞에서 사소한 것이 됩니다. 뛰어난 시적 기교를 살리면서도 현실 속 통렬한 비판과 백성들에 대한 연민의 정을 담아냅니다.

뜨겁다 1 중에서

우레 천둥 벼락 번쩍번적 요란한데
구름만 잔뜩 끝까지 비는 내리지 않는다
찌는 더위에 땀이 옷으로 줄줄 흐르고
숨도 쉬기 어려워 고개를 떨구고 있다
　　　　……

뜨겁다 2 중에서
　　　　……

사람들 문을 닫고 몸 높게 눕혀 숨을 쉬고
새들은 날개를 돌려 다시 숲으로 돌아간다
협곡 전체가 불덩이인데
강 위로 쾅쾅 마른 벼락만 쳐댄다

　　　　熱 其一 中

雷霆空霹靂
雲雨竟虛無
炎赫衣流汗
低垂氣不蘇
　　……

　　　　熱 其二 中
　　……

閉戶人高臥
歸林鳥卻回
峽中都似火
江上只空雷

눈을 보니까

전쟁터에 새 귀신들이 울어댄다
이 늙은이 혼자 걱정하며 끙끙댈 뿐
해질 무렵 어지러운 구름이 낮게 깔리더니
급한 눈발이 회오리 바람에 춤을 춘다
술 없는 술동이에는 국자 버려져 있고
화로에는 불씨 남은 듯 바알갛기도 하다
이 고을 저 고을 소식은 모두 끊어졌고
근심스레 앉아 허공에 대고 글씨를 쓴다

對雪

戰哭多新鬼
愁吟獨老翁
亂雲低薄暮
急雪舞廻風
瓢棄樽無渌
爐存火似紅
數州消息斷
愁坐正書空

무더위에 군인 걱정하던 두보가 눈 내리니 또 걱정합니다. 소중한 아들들이 매일 매일 전쟁터에서 죽어 새 귀신新鬼이 되어 서럽게 울어댑니다. 자신은 할 수 있는 게 없다며 허공에 대고 낙서를 쓰고 있습니다. 4세기 중국 동진東晉의 은호殷浩라는 장수가 적과 맞서 전투에 나섰지만 모두 패하여 그 책임으로 평민으로 강등되었습니다. 쫓겨난 이후에는 하루종일 허공에다 '돌돌괴사咄咄怪事'라는 네 글자만 쓰며 앉아 있었다고 합니다. 돌돌괴사는 '쯧쯧, 참 괴상한 일이야'라는 뜻입니다.

영국의 시인 윌프레드 오언Wilfred Owen 1893~1918은 1915년 입대하여 1차 세계 대전의 참상을 직접 목격하고 죽어간 병사들에 대한 시를 쓰며 전쟁의 잔인함과 그에 대한 분노를 담습니다. 1917년에 제대하였지만 주위의 만류에도 불구하고 1918년 8월 자원 입대하여 다시 프랑스 전선으로 돌아갑니다. 휴전을 일주일 남겨놓고 1918년 11월 4일 작전 중에 25세의 나이로 전사합니다. 젊은이들이 왜 전쟁터에서 죽어나가야 하는지 모르겠습니다. 돌돌괴사한 일입니다. 괴이하고 납득이 가지 않습니다. 이렇게 데려갈 거면 신은 뭐하러 진흙으로 사람을 빚는 헛수고를 하셨나요?

헛수고 중에서

저 병사를 햇빛 드는 곳으로 옮겨라!
고향에서는 태양 빛이 부드럽게 그를 깨웠겠지,
아직 밭에 씨 뿌리는 일이 끝나지 않았다고 속삭이며.
언제나처럼 프랑스 전쟁터에서도 그를 깨웠었다,
눈 내리는 이 아침까지도.
　　　　　……
그처럼 정성들여 길러놓은 팔과 다리와 허리는
아직도 생기 돌고 따뜻한데, 못 움직일만큼 굳어버린 건가?
이러자고 진흙이 이리 크게 자라도록 하셨습니까?

Futility 중에서

Move him into the sun
Gently its touch awoke him once,
At home, whispering of fields half-sown.
Always it woke him, even in France,
Until this morning and this snow.
　　　　　……
Are limbs, so dear-achieved, are sides
Full-nerved, still warm, too hard to stir?
Was it for this the clay grew tall?

석호의 관리

석호 마을에서 하루 자게 되었는데
관리가 나타나 밤에 사람을 잡아간다
늙은 할아버지 담을 넘어 도망치고
늙은 할머니 문을 열고 나와본다
관리의 어찌나 사납게 고함을 치는지
할머니는 우는 소리는 어찌나 서러운지
멀리서 할머니 말 소리가 들려온다

"아들이 셋 있었는데 모두 업성 국경으로 갔어요
 아들 하나가 소식을 전해왔는데
 다른 아들 둘은 최근에 전쟁터에서 죽었대요
 남은 녀석이야 어떻게든 살아보겠지만
 죽은 아이는 이미 끝이랍니다
 이제 집에 사람이 더 없어요
 있다면 젖먹이 손자가 하나 있는데
 아들 둔 어미는 나갈 수가 없고
 치마 하나 성한 게 없어 출입도 못하고 있어요
 이 할멈이 늙어 힘은 없어도
 제발 저라도 나으리 따라 밤에 가서
 급한 대로 하양 땅에서 필요한 일 시키시면
 그래도 새벽에 밥은 지을 수 있을 거에요"

밤은 깊어가고 말소리는 끊어졌는데
억지로 울음 삼키는 소리가 들릴 듯 하다
날이 밝아 길을 떠나려는데
할아버지하고만 작별 인사를 나눴다

石壕吏

暮投石壕村
有吏夜捉人
老翁踰牆走
老婦出門看
吏呼一何怒
婦啼一何苦
聽婦前致詞

三男鄴城戍
一男附書至
二男新戰死
存者且偷生
死者長已矣
室中更無人
惟有乳下孫
孫有母未去
出入無完裙
老嫗力雖衰
請從吏夜歸
急應河陽役
猶得備晨炊

夜久語聲絕
如聞泣幽咽
天明登前途
獨與老翁別

아침에 할아버지하고만 인사를 나눈 것 보니 할머니는 끌려간 모양입니다. 두보는 무엇이든 시로 썼기 때문에 그의 작품을 모으면 기록이 되고 그래서 그의 시를 시사^{詩史}라고 부릅니다. 특히 삼리삼별^{三吏三別}이 유명한데 삼리^{三吏}는 세 관리에 관한 노래로서 석호의 관리^{石壕吏}는 이 중 하나입니다. 삼별^{三別}은 세 가지 슬픈 이별 노래로서 신혼 다음 날 남편이 전쟁터로 끌려가며 이별하는 신혼별^{新婚別}, 할아버지가 전쟁터로 끌려가며 할머니와 생이별하는 수로별^{垂老別}, 전쟁 나갔던 병사가 고향에 돌아오니 집은 파괴되어 없고 이별할 가족도 없는 무가별^{無家別}입니다. 임금을 보필하여 백성의 삶을 풍요롭게 하겠다는 것이 두보의 평생의 목표였기에 끊임없이 사회에 대한 관심을 시로 씁니다. 공교롭게도 삼리삼별은 두보가 궁궐에서 쫓겨나 좌천된 자리로 이동하는 중에 쓴 시입니다.

시를 묘사시와 서술시로 구분하기도 합니다. 서술이란 짧고 함축적인 언어보다는 일상에서 사용하는 평범한 언어를 말합니다. 문학 작품이 사회적 소재들을 다룰 때 서술을 사용하는 경우가 많습니다. 두보는 고도로 숙련된 기교를 구사하며 묘사시를 최고의 수준으로 끌어올리면서도 동시에 서술 기법을 매우 잘 활용한 시인입니다. 현장의 상황을 실감나게 옮기는 작법을 통해 백성의 고달픈 삶과 사회의 부조리를 고발합니다. 두보가 높은 수준으로 끌어올린 사실주의 기법은 후대 시인들에게 큰 영향을 미치는데 대표적인 이가 백거이^{白居易} $^{772~846}$입니다. 그의 언어는 두보보다도 평이해서 더욱 통렬하게 다가옵니다.

숯 파는 노인

남산에서 나무를 베어 숯을 굽는데
얼굴 한 가득 재가 묻어 연기 불에 그을렸고
머리는 부시시 열 손가락이 다 새까맣다
숯 팔아 번 돈으로 어디에 쓰냐면
걸칠 옷, 입에 풀칠 할 먹거리가 전부다
가련하게도 얇은 옷 하나 걸쳐 입고는
숯값 떨어질까봐 날씨 추워지기만을 기다린다
밤 사이 성 밖에 무릎만큼 눈이 왔다
새벽에 숯 가득 실어 빙판 길을 몰고 간다
해는 이미 중천이라 소도 사람도 지쳐 배고파서
시장 남문 밖 진흙 바닥에 앉아 잠시 쉬려는데
기세등등 말 타고 오는 두 사람은 누구일까?
황색 옷 입은 관리와 흰 옷 입은 시종이다
손에 쥔 종이를 칙령이라며 입으로만 외치고는
수레를 빼앗아 돌려 소를 몰아 북쪽으로 끌고 간다
한가득 수레 쌓인 숯은
천 근도 넘는데
관리가 가져가는거 보고도 아무 말도 못한다
겨우 붉은 베 반 필에 비단 한 묶음
소머리에 매달아 놓고는 숯 값으로 치라고 한다

賣炭翁
伐薪燒炭南山中
滿面塵灰烟火色
兩髮蒼蒼十指黑
賣炭得錢何所營
身上衣裳口中食
可憐身上衣正單
心憂炭錢願天寒
夜來城外一尺雪
曉駕炭車輾氷轍
牛困人飢日已高
市南門外泥中歇
翩翩兩騎來是誰
黃衣使者白衫兒
手把文書口稱勅
廻車叱牛牽向北
　一車炭
　重千餘斤
宮使驅將惜不得
半匹紅紗一丈綾
繫向牛頭充炭値

언짢다 5

적을 물리쳤어도 민심은 여전히 어지럽다
병사를 줄이겠다고 하니 장수들이 임금을 의심한다
벼슬과 땅 하사 받았으면 약속을 지킨 것인데
임금에 대한 보답은 어찌 이리도 느린지
고을 이끄는 군수는 달라지는 법이 없어서
누가 부임하든 백성들의 원성은 변함이 없다
진정으로 슬퍼하는 조서를 내려서
고통에 망가진 백성을 위로하는 거라도 좀 봤으면

有感 其五

胡滅人還亂
兵殘將自疑
登壇名絕假
報主爾何遲
領郡輒無色
之官皆有詞
願聞哀痛詔
端拱問瘡痍

신하가 임금을 믿지 못한다며 두보가 개탄합니다. 충성이란 무엇일까요? 1592년 5월 23일 음력 4월 13일에 임진왜란이 일어납니다. 보름만에 서울이 함락되고 두달 만에 평양이 함락됩니다. 하지만 바다로 물자를 조달하려는 일본의 작전은 이순신에 의해 좌절됩니다. 이순신은 5월 옥포, 사천 전투 등에서 승리하고 8월 한산도에서 대승을 거두어 바다길을 장악합니다. 이순신은 전쟁을 승리로 이끌고도 모함을 받아 1597년 4월 평민 신분으로 좌천되는 데 그 달에 어머니께서 돌아가십니다. 정유재란이 터지자 이듬해 1598년 8월 장군으로 복귀하여 11월 노량에서 일본 해군을 섬멸하고 전쟁에 마침표를 찍습니다. 하지만 11월 19일 이순신은 배 위에서 전사합니다. 같은 달에 맏아들도 전사합니다. 셋째 아들은 이미 1597년 아산 전투에서 전사했습니다. 임진왜란이 발발하기 전인 2~3월의 이순신의 평소 일기를 보면 그는 이미 전쟁을 대비하고 있었음을 알 수 있습니다. 이런 인물이 드물다는 게 참으로 유감스럽습니다.

2월 4일 맑음. 동헌으로 나가서 공무를 보고 북쪽 봉우리 봉화대 공사터에 올라가봤는데 튼튼하게 쌓은 것 같다. 하루종일 살펴보다가 저녁에 내려와서 방어용 물구덩이를 돌아봤다. 二月初四日乙未. 晴. 出東軒公事後, 上北峯築煙臺處, 萬無頹落之理. 終日觀望, 當夕下來, 巡視垓坑.

2월 10일 가랑비에 개었다가 흐렸다 함. 동헌으로 나가 공무를 보았다. 순찰사의 편지를 보니 통역관들이 큰 뇌물을 받고 거짓으로 명나라에 군사를 보내달라고 청했다고 한다. 범인들을 잡았다고 하는데 분해서 견딜 수가 없다. 初十日辛丑. 煙雨或晴或暗. 出東軒公事. 見巡使簡, 則通事等多受賂物, 誣告中朝, 致有請兵之擧. 通事等已爲拿囚云, 不勝駭恠痛憤.

2월 15일 큰 비바람. 동헌에 나가 공무를 보았다. 석공들이 새로 축조한 해자가 무너져 구덩이가 많아 잘못을 묻고 다시 쌓도록 하였다. 十五日丙午. 大風雨. 出東軒公事. 石手等以新築浦坑多致頹落決罪, 使之更築.

2월 25일 흐림. 각종 전투 장비가 엉터리라서 군관들과 행정관에게 책임을 묻고 첨사는 가두었다. 포구 다섯 군데 중에서 가장 엉터리인데도 순찰사에게 포상해달라고 청하여 조사를 피하려 들다니 어이가 없다. 二十五日丙辰. 陰. 各項戰備多有頉處, 軍官色吏決罪僉使捉入. 防備五浦中最下而以巡使褒啓未能撿罪可笑.

2월 26일. 공사례를 마치고 무기를 검열했는데 긴 화살은 쓸만한게 하나도 없으니 고민이다. 전투선은 거의 완성 단계라 기분이 낫다. 二十六日丁巳. 公私禮畢後軍器點考, 則長片箭無一部可用, 可悶. 戰船則差完可喜.

2월 27일 흐림. 아침에 점호를 마치고 북쪽 봉우리에 올라 형세를 살펴보니 멀리 떨어져 고립된 섬이라서 사면이 공격에 취약한데, 방어 준비가 허술해서 걱정되고 걱정된다. 담당관이 최선을 다했다고 하는데 여전히 부족하니 어쩌면 좋을지 모르겠다. 二十七日戊午. 陰. 朝畢點後, 登北峯觀望形勢, 則孤危絶島四面受敵, 城池且極齟齬, 可慮可慮. 僉使則盡心, 而未及施設, 奈何奈何.

3월 21일 맑음. 기가 쇠하였는지 아침을 앓아 누웠다. 저녁에 동헌에 나가서 공무를 보았다. 二十一日辛巳. 晴. 氣不平終朝臥痛. 晚出東軒公事.

4월 16일 저녁, 영남 우수사로부터 부산진이 함락되었다는 소식이 도착했다. 분노를 참을 수가 없다. 즉시 장계를 써서 삼도에 공문을 발송하였다. 十六日乙巳二更, 嶺南右水使移關, 釜山巨鎭已爲陷城云, 不勝憤惋. 卽馳啓又移文三道.

전쟁터 나가는 사내

집 열 채에 사람은 몇이나 되려나
산은 쓸데없이 많기도 하다
성 안 골목에는 통곡하는 사람만 보이고
시장에는 노래 소리 들리지 않는다
굴러다니는 나무 인형이 편히 있을 곳이란 없지
입에 재갈 문 장정들 창 메고 다니는 일만 있다
아직도 군대는 길을 수복하지 못했다는데
내 앞 길은 도대체 어찌 되는 걸까?

征夫

十室幾人在
千山空自多
路衢唯見哭
城市不聞歌
漂梗無安地
銜枚有荷戈
官軍未通蜀
吾道竟如何

사람은 죽어나가는데 전쟁이 벌어지고 있는 산은 쓸데없이 많습니다. 골목에도 시장에도 전쟁의 상처 뿐입니다. 조선시대 시인 이달도 끔찍한 전쟁의 참상을 노래했습니다.

무덤 제사의 노래

흰둥이가 앞서고 누렁이가 따라갑니다
들밭 풀더미에는 무덤들이 쌓였습니다
제사를 마친 할아버지 밭두둑 길에 나와서는
해질녘에야 손주 부축 받고 취해서 돌아옵니다

際塚謠

白犬前行黃犬隨
野田草際塚壘壘
老翁際罷田間道
日暮醉歸扶小兒

평범한 시골의 모습이 평화롭습니다. 흰둥이가 앞서 가고 누렁이가 그 뒤를 따릅니다. 어둑어둑 해질 무렵 술에 취한 할아버지가 손자의 부축을 받아 밭두둑 길로 걸어 나옵니다. 이게 시의 전부입니다. 내용이 너무 짧아서 다시 읽어봅니다. 읽을수록 뭔가 이상합니다. 할아버지가 무덤 가에서 걸어 나오는 것도, 손자가 할아버지를 부축하는 것도, 길 가의 밭에 무덤들이 있는 것도. 할아버지는 왜 그리 술에 취해 해가 질 때까지 무덤에 머물렀을까요?

임진왜란이 이 마을을 휩쓸고 지나갔습니다. 무덤은 아들의 것입니다. 할아버지가 손자와 함께 아들의 무덤에 왔습니다. 할아버지는 죽은 아들을 찾아와 울다가 지쳐버렸습니다. 술에 취한 할아버지를 어린 손자가 부축해 나옵니다. 흰둥이도, 누렁이도, 철없는 손자도 그냥 할아버지를 따라왔을 겁니다. 원주시 부론면에는 이달 선생의 호 손곡을 딴 손곡리가 있습니다.

이 땅

이 땅을 하나로 둘러싸면
온 나라가 다 같은 마음인 것인데
좀 물어봅시다 위태로움을 극복하기 위해
겸손의 덕으로 임하면 어떻겠습니까?
때에 맞추어 뛰어난 인재 등용하여
외적의 침입을 걱정 없도록 하고
나라 지키는 일을 조심조심 불 다루듯 하여
위정자의 덕이 온 나라에 두루 퍼지도록 하는 겁니다

提封

提封漢天下
萬國尙同心
借問懸車守
何如儉德臨
時徵俊乂入
莫慮犬羊侵
願戒兵猶火
恩加四海深

우리가 사는 이 나라 땅을 큰 울타리 하나로 두른다면 하나의 마을이라 할 것입니다. 정치하는 사람은 국민을 위하고 국민들은 정치인을 믿고 이웃 국가의 침략에 대비하여 불 다루듯 조심스럽게 국방력을 키우면 충분합니다. 현명한 사람을 발탁해서 마을 전체가 평안하게 만들면 됩니다. 이렇게 생각하면 나라와 국민 전체가 다같이 잘 사는 길은 참 단순한 일일 것도 같은데 뭐가 이리 어려울까요? 자기 이익만을 꾀하는 자가 나라를 망치는 일이 왜 자꾸 반복될까요? 당나라 조업曹鄴 816-875은 창고의 쌀을 갉아먹고 살찐 쥐가 사람을 봐도 달아나지 않는 것에 놀랍니다. '도망가지 않는 관청 창고의 쥐', 뻔뻔한 정치인들에게 참으로 잘 어울리는 표현입니다.

관청 창고의 쥐

관청 창고의 늙은 쥐가 됫박만큼이나 큰데
문이 열려있는데도 사람을 보고 달아나질 않는다
군인 먹을 쌀이 없고 백성들은 굶어 죽는데
누가 날마다 이것들을 배 불리는 건가

官倉鼠

官倉老鼠大如斗
見人開倉亦不走
健兒無糧百姓饑
誰遣朝朝入君口

4부

봄 더디 가다오 願春遲

곡강에서 1

꽃 하나만 날려도 꼭 그만큼 봄 줄어드는 데
큰 바람에 억수로 날아가니 참말로 미치겠다
눈앞 스쳐 날리는 꽃을 끝까지 쳐다보다가
몸 상할까 참았던 술 그냥 들이켜 버린다
강변 작은 집에는 물총새가 둥지를 틀고
궁원 옆 무덤에는 기린 석상이 쓰러져 누웠다
사는 게 뭘까 따져보면 그 때 그 때 즐겨야 하는 것을
부질없는 명예에 이 몸 얽어매 뭐하나 싶다

曲江 其一

一片花飛減却春
風飄萬點正愁人
且看欲盡花經眼
莫厭傷多酒入脣
江上小堂巢翡翠
苑邊高塚臥麒麟
細推物理須行樂
何用浮名絆此身

꽃 한 점만 떨어져 나가도 꼭 그만큼 봄이 줄어듭니다. 봄 줄어드는 것이 안타까워 떨어져 날리는 꽃 하나라도 끝까지 뚫어져라 봅니다. 물총새는 집을 지으며 때에 맞춰 열심히 살고 있는데 버려진 채 관리가 되지 않은 옛 무덤에는 석상이 쓰러져 있습니다. 무덤 주인은 신분 높은 사람이었을텐데 그는 생전에 삶을 즐겼을까요?

이 시는 방관을 옹호하는 무모한 상소로 임금의 분노를 사서 죽음을 겨우 면하고 근신 상태에서 쓴 시입니다. 궁궐 생활이 가시방석 같을 텐데도 내일 출근이고 뭐고 그냥 마시기로 합니다. 때에 맞춰 하고 싶은 거 하고 사는게 최고니까요. 조선시대 정철鄭澈 1536~1593도 권주가勸酒歌에서 술 마실 수 있는 것도 산 자의 특권이라며 술 마시라 권합니다. 부자로 살다가 비단 상여를 타고가든, 거지로 살다가 거적때기에 실려가든 죽으면 매한가지라며 어서 마시랍니다.

술 마십시다

한 잔 먹세 그려 또 한 잔 먹세 그려
꽃 꺾어 술잔 세며 한없이 먹세 그려
죽어서 거적때기에 묶여 지게 위에 실려 가나
만인이 울며 뒤따르는 비단꽃 상여 타고 가나
억새풀 속새풀 딱갈나무 백양나무 숲으로 한번 가고나면
해 뜨고 달 뜨고 비 내리고 눈 내리고 바람불 적에
그 누가 한 잔 먹자 하겠는가?
무덤 위로 원숭이 놀러와 휘파람 불 때에
뉘우친들 무슨 소용 있겠는가?

천천히 걸었다

나막신 신고 푸른 덤불로 걸어간다
내버려둔 정원에는 해가 막 지려 하는데
제비 부리에는 진흙 풀 묻어 따르고
꿀벌 더듬이에는 꽃가루가 얹혔다
술병 출렁출렁 술 튀어 옷 젖어도 놔둔다
지팡이 짚으며 노래 한 자락 뽑노라니
재주가 시기를 받아 인생이 꼬인 게 아니었어
알고 보니 바보처럼 취해 살았던 거지

徐步

整履步靑蕪
荒庭日欲晡
芹泥隨燕觜
蕊粉上蜂須
把酒從衣濕
吟詩信杖扶
敢論才見忌
實有醉如愚

일제 강점기의 시인 백석白石 1912~1996은 본명이 백기행白夔行이고 백석은 문단에서 사용한 필명이라고 합니다. 평안북도 정주군에서 태어나 만주에서 세관업무에 종사하다가 해방 후 귀국하여 고향 정주에 머무릅니다. 이백도, 그토록 이백을 좋아했던 두보도, 이백과 두보를 떠올리던 백석도 모두 쓸쓸함으로 가득한 날들을 노래합니다.

두보나 이백같이

오늘은 정월 보름이다
대보름 명절인데
나는 멀리 고향을 나서 남의 나라 쓸쓸한 객고에 있는 신세로다
옛날 두보(杜甫)나 이백(李白) 같은 이 나라의 시인도
먼 타관에 나서 이날을 맞은 일이 있었을 것이다
오늘 고향의 내 집에 있다면
새옷을 입고 새 신도 신고 떡과 고기도 억병도 먹고
일가친척들과 서로 모여 즐거이 웃음으로 지날 것이련만
나는 오늘 때 묻은 입든 옷에 마른 물고기 한 토막으로
혼자 외로이 앉아 이것저것 쓸쓸한 생각을 하는 것이다
옛날 그 두보나 이백 같은 이 나라의 시인도

이날 이렇게 마른 물고기 한 토막으로 외로이 쓸쓸한 생각을 한 적도 있었을 것이다
나는 이제 어느 먼 외진 거리에 한 고향 사람의 조그마한 가업집이 있는 것을 생각하고
이 집에 가서 그 맛스러운 떡국이라도 한 그릇 사 먹으리라 한다
우리네 조상들이 먼먼 옛날로부터 대대로 이날엔 으레히 그러하며 오듯이
먼 타관에 난 그 두보나 이백 같은 이 나라의 시인도
이날은 그 어느 한 고향 사람의 주막이나 빈관(儐館)을 찾아가서
그 조상들이 대대로 하든 본대로 원소(元宵)라는 떡을 입에 대며
스스로 마음을 느꾸어 위안하지 않았을 것인가
그러면서 이 마음이 맑은 옛 시인들은
먼 훗날 그들의 먼 훗자손들도
그들의 본을 따서 이날에는 원소를 먹을 것을
외로이 타관에 나서도 이 원소를 먹을 것을 생각하며
그들이 아득하니 슬펐을 듯이
나도 떡국을 놓고 아득하니 슬플 것이로다
아, 이 정월 대보름 명절인데
거리에는 오도독이 탕탕 터지고 호궁(胡弓) 소리 **뺄뺄** 높아서
내 쓸쓸한 마음엔 자꾸 이 나라의 옛 시인들이 그들의 쓸쓸한 마음들이 생각난다
내 쓸쓸한 마음은 아마 두보나 이백 같은 사람들의 마음인지도 모를 것이다
아무려나 이것은 옛 투의 쓸쓸한 마음이다

서럽다

꽃은 왜 저리 급히 날아가나
나이 들수록 봄 천천히 가 주었으면
신나고 즐거운 이 곳에서 서러운 거라곤
딱 하나, 내가 젊지 않다는 것!
마음 달래는 데는 술이고
기분 푸는 데는 노래지
이 마음 도연명은 알아주실텐데
내 삶이 당신보다 뒤로군요

可惜

花飛有底急
老去願春遲
可惜歡娛地
都非少壯時
寬心應是酒
遣興莫過詩
此意陶潛解
吾生後汝期

미국의 시인 데이비드 소로우 Henry David Thoreau 1817~1862 는 말합니다. "세상은 변하지 않는다, 우리가 변한다. Things do not change, we change." 세상은 변하지 않는데 변한 건 오로지 하나, 나뿐입니다. 내가 젊지 않다는 것! 매사가 예전같지 않습니다. 눈에 보이는 것도, 귀에 들리는 것도, 혀에 닿는 것도 새로운 게 없습니다. 젊음이 멀어져 가는 걸 느낄 즈음에서야 시간을 세기 시작합니다. 봄이 빠르다는 걸 그제서야 깨닫습니다.

아침엔 물 오른 가지에 붙어 꽃으로 활짝 피었더니 저녁에는 속절없이 강물에 둥둥 떠내려가고 있습니다. 매일 똑같아 보이는 강물도 끊임없이 뒷 물이 앞 물을 밀어내고 있습니다. 해마다 벚꽃이 만발하면 꽃구경하러 온 사람들로 붐비지만 놀러오는 사람들은 매년 다릅니다. 뒷물에 밀려난 앞물은 얼마나 멀리 흘러 갔을까요? 올해도 다리에는 꽃구경하는 사람들로 가득한데 작년 재작년 십년 전 구경 왔던 사람들은 모두 어디 있을까요? 쉰 아홉 수로 이루어진 이백의 연작시 '고풍' 중에서 열여덟 번째 시입니다.

옛 스타일의 노래 18

천진교의 삼월이다
번화한 거리에는 오얏나무 배나무 천지다
아침에는 단장꽃으로 피었더니
저녁에는 강물 따라 동쪽으로 떠내려 간다
뒷물은 앞물을 밀어내며
예나 지금이나 이어 이어 흐른다
지금 놀러 온 이들은 작년 그 사람들이 아닌데
그래도 해마다 다리에는 사람들이 노닐고 있다

古風 其一十八

天津三月時
千門桃與李
朝爲斷腸花
暮逐東流水
前水復後水
古今相續流
新人非舊人
年年橋上遊

저녁이 차다

교외 평원에는 나무들이 안개 속으로 숨었다
해안 드넓게 부는 바람은 파도를 머금었다
침침한 봄 기운은 고요하기만 한데
싸늘한 저녁이 쓸쓸히 여기저기 널렸다
전쟁터 북소리가 쉬지 않고 쳐대니
숲 꾀꼬리는 끝내 노래 부르지 않았다
갑자기 성대했던 궁궐 잔치가 생각 났다
붉은 비단 소매가 비파를 스치면 노래가 구름처럼 흘러 나왔지

暮寒

霧隱平郊樹
風含廣岸波
沈沈春色靜
慘慘暮寒多
戍鼓猶長擊
林鶯遂不歌
忽思高宴會
朱袖拂雲和

자욱한 안개 속에 홀연히 궁궐이 나타납니다. 궐 안 흐드러지게 핀 꽃들이 보이더니 노래 자락이 들리며 화려하기 그지 없는 잔치가 눈 앞에 펼쳐집니다. 악사들의 붉은 옷 소매가 거문고를 스치면 절로 음악이 흘러나오는 것 같습니다. 현실이 비참할수록 과거의 좋았던 기억은 더 강렬합니다. 당나라 전성기의 임금이었던 현종과 양귀비와의 사랑은 오늘날에도 사람들의 입에 오르내립니다. 하지만 권력도 명예도 세월이 흐르면 한낱 이야기 거리에 지나지 않습니다. 원진元稹 779~831의 시에서는 늙은 궁녀가 현종에 대해 주저리 주저리 수다를 늘어놓고 있습니다. 이 여인도 젊은 시절 궁궐을 총총걸음으로 힘차게 걸어다녔을 겁니다.

임금이 머물던 궁궐

쓸쓸한 옛 궁궐터
조용히 꽃들만이 붉습니다
백발이 된 궁녀가
한가로이 앉아 그 때 현종이 말야.. 이야기를 늘어놓습니다

行宮

寥落古行宮
宮花寂寞紅
白頭宮女在
閑坐說玄宗

앵무새

앵무새 표정에 근심이 가득하다
영특한 것이 숲 속에 살던 때가 떠오르는 걸까
비취색 깃털은 다 닳아져 없는데
붉은 부리는 이것 저것 참 많이도 알지
새장 문 열릴 날은 없을 텐데
앉아있던 그 가지에 오래도록 또 머무르겠지
사람들 너 예뻐한다지만 그저 망가뜨릴 뿐
그 멋진 깃털 어디에 쓰겠니

鸚鵡

鸚鵡含愁思
聰明憶別離
翠衿渾短盡
紅嘴漫多知
未有開籠日
空殘舊宿枝
世人憐復損
何用羽毛奇

앵무새의 고향은 드넓은 밀림과 초원입니다. 혀가 사람과 유사한 모양이라서 성대 모사를 잘 한다고 합니다. 예쁜 깃털과 특이한 재주 때문에 오늘날에도 밀수가 많이 이루어지는데 운반 중에 대다수가 죽는다고 합니다. 넓은 곳에서 살던 새가 평생을 좁은 곳에 갇혀 지냅니다. 처음 떠나온 고향이 기억나서일까요? 새장 속 앵무새의 표정이 근심스럽습니다.

나라고 뭐 다른가요. 어린 시절 귀엽던 내 모습은 어디가고 깃털 다 빠진 앵무새가 되었습니다. 카페를 가면, 고깃집에 가면, 횟집에 가면 수많은 앵무새들이 모여 앉아 저마다의 사연들로 시끌법석 요란합니다. 경륜이래봐야 어리석음을 대가로 치르고 얻은 상처 투성이 경험일 뿐 공허하게 떠들어댑니다. 앵무새 자리에 '나'를 넣어도 시는 달라지지 않습니다.

나

내 표정 오늘 좀 우울해요
어릴 적 참 귀엽고 똘똘했었는데
머리는 둔해지고 몸은 늙어서는
그저 잘났다고 말만 많죠
내 인생 다시 빛 볼 일 없을텐데
살아오던 이대로 그냥 살아가겠죠
이리 채이고 저리 채이며 살아갈 뿐
내 재주 어디에 써먹겠어요

767년 10월 31일

이 떠돌이 생활은 언제쯤 끝이 나려나요
서글픈 가을이 저녁을 향해 끝나갑니다
지독한 늦더위가 이 곳 옛 조상들의 땅을 뒤덮었지만
서리는 어김없이 고대 왕궁터에도 얇게 내려 앉겠죠
풀이 음침한 산 기운에 맞서느라 창백합니다
꽃은 싸늘한 이파리를 이겨내느라 붉게 달아 올랐습니다
해마다 해마다 조금씩 늙어가는 거니까
옛 모습과 같을 수는 없겠지요

大曆二年九月三十日

爲客無時了

悲秋向夕終

瘴餘夔子國

霜薄楚王宮

草敵虛嵐翠

花禁冷葉紅

年年小搖落

不與故園同

767년 시월의 마지막 날입니다. 가을의 마지막 날입니다. 뜻밖의 늦가을 더위에 계절을 착각한 풀과 꽃이 곧 들이닥칠 겨울에 맞서고 있습니다. 하지만 내일이면 11월, 어김없이 추위는 찾아올 겁니다. 당랑거철螳螂拒轍이라는 고사성어가 있습니다. 사마귀가 수레를 막아선다는 뜻입니다. 춘추시대 제나라 장공莊公이 수레를 타고 가는데 사마귀 한 마리가 앞발을 들고 수레를 막아섰습니다. 이를 본 장공이 "사람이었다면 천하에 둘도 없는 용사로구나" 하며 수레를 비켜 사마귀를 피해 갔다고 합니다. 겁없는 기백을 칭찬해야 할까요? 무모한 철없음에 웃어야 할까요? 수레가 사마귀를 비켜 가 주듯 겨울이 작은 풀과 꽃을 비켜 가줄까요?

해마다 조금씩 조금씩 늙어가니 이전 같을 수는 없습니다. 오늘은 어제의 다음날이고, 내일은 오늘의 다음날이고 그렇게 시간의 연속이었을 뿐인데 언제 이렇게 나이가 들어버린 건지. 삶을 일년으로 치면 우리는 일 년 중 몇 월을 지나고 있는 걸까요? 에즈라 파운드Ezra Pound 1885~1972가 노래한 찻집의 아가씨는 몇 살이었을까요?

찻 집

찻집의 여인
이전처럼 예쁘진 않네
8월이 그녀를 지나갔다
예전에는 층계도 힘차게 올랐었지
그렇지, 그녀도 곧 중년으로 가는 거야
젊음의 빛을 주변에 퍼트리며
머핀을 갖다 주었었는데
이제 더 이상 퍼트리지는 못하네
그녀도 곧 중년으로 가는 거야

The Tea Shop

The girl in the tea shop
Is not so beautiful as she was
The August has worn against her
She does not get up the stairs so eagerly
Yes, she also will turn middle-aged
And the glow of youth that she spread about us
As she brought us our muffins
Will be spread about us no longer
She also will turn middle-aged

어릴 적 파상에서 놀았었지

고향으로 가는 길을 지나며 원망스럽게 바라본다
어릴 적 여기 파상에서 신나게 놀았었지
짙어가는 봄 들판에 말 세워두고
밤되면 탁트인 구름 누각에서 하늘 보며 잠 들었었지
뿔뿔이 흩어진 뒤로 그 곳엔 누가 남았을까?
흐르고 흘러 늙은 이가 쉬고 있습니다
그 시절 그 젊음이 지금 눈 앞에 선한데
돌아가려는 배 한 척만이 이 곳에 서 있다

懷灞上遊

悵望東陵道

平生灞上遊

春濃停野騎

夜宿敞雲樓

離別人誰在

經過老自休

眼前今古意

江漢一歸舟

젊은 시절 와봤던 장소를 지나게 되었나 봅니다. 봄이 한창이던 날, 친구들과 들판에 말 세워두고 야외에서 하늘 보며 잠들었던 추억이 떠오릅니다. 같이 신나게 뛰놀던 친구들은 뿔뿔이 흩어져 지금은 어디서 어떻게 살고 있을까요? 그 시절 그 젊음이 지금 눈 앞에 선한데 고개 돌려보니 늘그막 고향으로 돌아가려는 배 한 척만이 덩그러니 있습니다. 추억은 과거에 있고 몸은 현재에 있습니다. 이제 배 타고 이 강을 따라 내려가면 다시는 여기 와보지 못할 겁니다. 장소와도 영원히 이별입니다.

영국의 시인 앨프레드 테니슨Alfred Lord Tennyson 1809~1892은 지나버린 세월을 '삶 속의 죽음'이라고 부릅니다. 그래서일까요? 지나간 날들과 행복한 시간들을 떠올리노라면 까닭 없이 절망스러운 기분이 들 때가 있습니다. 울컥해지면서 눈물이 나려고 합니다. 세월이 원망스럽습니다.

눈물, 헛되이 흐르는 눈물 중에서

눈물이, 헛되이 흐르는 눈물이, 영문도 모른 채
신성한 절망의 깊은 것으로부터
심장에서 올라와 눈으로 모여드네
행복한 가을 들판을 바라본다
그리고 가버리고 없는 날들을 생각한다
　　　　　……
아, 삶 속의 죽음이여, 더 이상 없는 날들아!

Tears, Idle Tears 중에서

Tears, idle tears, I know not what they mean,
Tears from the depth of some divine despair
Rise in the heart, and gather to the eyes,
In looking on the happy Autumn-fields,
And thinking of the days that are no more
　　　　　……
O Death in life, the days that are no more!

5부

끊어진 구름 이어 有斷雲

방관 태위님의 묘를 떠나며

타향 생활에서도 거기서 또 떠돌다가
외로운 무덤에 작별 인사 드리려고 말 세웠습니다
한참을 울고 나니 엎드렸던 땅이 다 젖었습니다
끊어진 구름 하늘에 낮게 손에 닿을 듯 합니다
마주보고 장기를 둘 때면 근엄한 장군이셨죠
드릴 것이 있어 이렇게 찾아 왔는데
시든 가지 떨어진 꽃만 보이네요
조심히 돌아가라며 꾀꼬리가 울어줍니다

別房太尉墓

他鄉復行役
駐馬別孤墳
近淚無乾土
低空有斷雲
對棋陪謝傅
把劍覓徐君
惟見林花落
鶯啼送客聞

계찰季札이라는 사람이 진나라에 사신으로 가는 길에 서나라를 들르게 되었습니다. 서나라 왕과 얘기를 나누는데 왕이 자기 칼을 마음에 들어한다는 걸 알게 되었습니다. 아마도 왕의 시선이 자꾸 칼을 향했던 모양입니다. 사신 임무를 마친 계찰은 귀국 길에 다시 서나라를 들릅니다. 칼을 주려고 굳이 찾아온 겁니다. 하지만 서나라 임금은 이미 죽고 없었습니다. 계찰은 임금의 무덤을 찾아 칼을 두고 떠납니다.

　계찰처럼 두보도 방관을 찾아왔습니다. 말은 안했어도 스스로 지키고 싶은 마음 속 약속이 있었나 봅니다. 두보가 궁궐에서 벼슬을 받을 때 큰 도움을 줬던 이가 방관입니다. 그토록 바라던 꿈을 이루게 해준 은인입니다. 방관을 옹호하려다 두보 자신도 쫓겨났으니 방관 덕분에 성공했고 방관 때문에 꼬입니다. 지금 누군가 고마운 사람이 떠오르거든 바로 연락해서 보고싶다 말하세요. 그 사람 세상에 없을 때 슬퍼하지 말구요. 농담처럼 주고받은 약속에 묘지까지 찾아 온 사람이 또 있습니다. 삼국시대 조조曹操 155~200의 글입니다.

제가 어릴 적 선생님을 뵈었을 때 못난 저를 받아주셨습니다. 생전에 약속인듯 했던 말을 지키고자 합니다. "나 죽고서 내 묘지를 지날 때 술을 뿌리고 닭을 바치지 않으면 수레가 세 걸음을 지날 때 복통이 날 것이야. 그 때 날 탓하지 말아"라고 하셨었죠. 친해서 허물없이 웃자고 하신 말씀이었던 거 아닙니다. 선생님 혼령이 노하셔서 정말로 제 몸이 아플까봐 겁나서 찾아온 것 아닙니다. 그 시절이 생각나 슬퍼서입니다. 동쪽 정벌을 떠나는 길에 군대를 주둔했는데 북쪽을 바라보다 선생님 묘지가 생각났습니다. 간단한 제물을 바치오니 받아주십시오.

吾以幼年逮升堂室 特以頑鄙之姿 為大君子所納. 又承從容約誓之言 "殂逝之後 路有經由 不以斗酒隻雞過相沃酹 車過三步 腹痛勿怪" 雖臨時戲笑之言 非至親之篤好 胡肯為此辭乎? 匪謂靈忿 能貽己疾 懷舊惟顧 念之淒愴. 奉命東征 屯次鄉里 北望貴土 乃心陵墓. 裁致薄奠 公其尚饗.

　　　　　　　고 태위 교현께 올리는 글 祠故太尉橋玄文

친구 고적에게 편지를 쓴다

어이 친구 별 일 없지?
전쟁으로 소식 끊긴 지가 오래구나
때가 되면 자네가 잘 될 거라 생각했었어
나이 들어 연락 뜸해지면 쓰나
하늘엔 소식 전해줄 기러기가 저리도 많은데 말야
연못엔 소식 전해줄 잉어가 저리 가득한데 말야
서로 본 지도 까마득한데
답장이라도 좀 보내주지 그러나

寄高三十五詹事

安穩高詹事
兵戈久索居
時來知宦達
歲晚莫情疎
天上多鴻雁
池中足鯉魚
相看過半百
不寄一行書

"요즘 잘 지내? 소식 들은 지 너무 오래됐네. 잘 나가느라 바쁜 건 아는 데 그렇다고 연락이 너무 뜸한 걸. 연락 좀 하고 지내자구." 친구 고적高適 707~765에게 보내는 담백한 편지입니다. 두보와 고적은 청년 시절에 함께 전국 유랑을 다닌 적이 있습니다. 궁궐에서 같이 근무했던 직장 동료이기도 합니다. 두보가 궁궐에서 쫓겨나 먼 지역으로 이주했을 때에도 고적은 두보의 집을 방문하여 궁핍한 두보에게 쌀을 선물해주기도 했습니다. 고적은 성격이 강직해서 젊어서는 벼슬을 외면하다가 늦은 나이에 과거시험에 합격합니다. 합격하고도 관직을 바로 받지 않고 한참 뒤에야 벼슬을 하지만 강직한 성격 탓에 주로 변방의 전쟁터를 전전합니다. 변경의 풍경과 병영 생활에 대한 묘사를 통해 전쟁의 비참함과 외로움을 읊은 시를 많이 남깁니다.

"잘 나가긴 뭘 잘 나가, 먹고 살려고 아둥바둥 사는 월급쟁이지. 오히려 자네야말로 자유롭게 여기저기 다닌다던데, 부럽네 그려." 고적이 살가운 답장을 보내왔습니다.

1월 7일 두보에게 편지를 쓴다 중에서

......
난 백 가지 걱정에 다시 천 가지 근심으로 지내고 있네
올해도 가지 못하고 허무하게 그리워만 하는데
내년 이맘 때면 난 또 어디에 가 있을런지
동쪽에 한 번 자리잡고는 삼십 년이 지나버렸네
문장과 도를 배운 선비가 전쟁터 먼지 바람 속에 늙을 줄은 몰랐어
늘그막까지 월급 받고 사느라 이러고 살고 있다네
자유로이 사방을 누비는 그대 앞에서 부끄러워지는구만

人日寄杜二拾遺 中

......
心懷百憂復千慮
今年人日空相憶
明年人日知何處
一臥東山三十春
豈知書劍老風塵
龍鍾還忝二千石
愧爾東西南北人

먼저 떠나 간 친구의 집을 지나며 1

이 친구 세상 뜬 지 한참인데
아직도 이웃들 아이구 아이구 탄식한다
마지막까지도 변변한 자리 하나 없이 살다가
죽고 나니 부질없는 벼슬 하나 받았다
처자식은 다른 집에 맡겨놓고 살았지
집과 정원이 그대와 함께 놀던 곳 같지가 않네
얇은 휘장이 덩그러니 길게 늘어져서는
스삭스삭 가을 들녘 바람에 날리고 있다

過故斛斯校書莊 其一

此老已云歿

隣人嗟未休

竟無宣室召

徒有茂陵求

妻子寄他食

園林非昔遊

空餘繐帷在

淅淅野風秋

친구 곡사옹의 상가집을 지나오며 쓴 시입니다. 곡사옹에 대한 기록은 거의 없습니다. 두보가 늘그막에 사귄 동네 술친구로 대화가 통하는 가난한 선비 출신이었던 것 같습니다. 이 시는 두 수가 한 편으로 이루어지는 데, 둘째 수에서 지인들이 모두 세상을 떠났다고 슬퍼합니다.

素交零落盡 평소 사귀던 이들이 모두 세상을 떴습니다
白首淚雙垂 흰머리 노인은 두 줄기 눈물로 웁니다

그토록 따랐던 이백이 762년에, 꿈을 이루도록 도와준 방관이 763년에, 친구 정건과 소원명이 764년에, 직장 동료 고적과 후원자 엄무가 765년에 사망합니다. 이제 동네 술친구마저 떠난 겁니다. 나이 들수록 친구 새로 사귀는 게 쉽지 않습니다. 편하게 농담 주고받는 동네 친구의 죽음은 또 다른 슬픔입니다. 곡사옹 생전에 두보가 그에게 쓴 시가 있습니다. 술 생각 나서 찾아갔는데 집에 없었나 봅니다. 통통 튀는 유쾌하기 짝이 없는 두 사람 사이가 짐작이 갑니다.

곡사융이 아직 돌아오지 않았다고 해서

이 친구 남쪽 마을로 갔다는데
비문 지어 준 돈 받으러 갔나보구만
글 팔아서 먹고 사는데
집안을 찢어지도록 가난하게 만들었지
사립문에는 덩굴 잡풀이 무성하고
밥 짓는 일 드물어 솥이 차갑다
다 늙어서 철없는 짓 좀 그만하시게
아무데나 취해 잠든 거 반성 좀 하시고

聞斛斯六官未歸

故人南郡去
去索作碑錢
本賣文爲活
翻令室倒懸
荊扉深蔓草
土銼冷疏烟
老罷休無賴
歸來省醉眠

두 선생님께 또 드립니다

어둑어둑 저녁 되자 물결에 초록빛 살짝 돌더니
하늘 닿은 언덕은 외려 짙게 푸릅니다
봄은 석양과 함께 끝나가는데
들이킨 술은 걱정과 더불어 깰 줄을 모릅니다
여기저기 떠돌며 술이나 계속 마셔댑니다
이 곳도 떠나질 못해서 또 머뭇머뭇
만 리 밖에서 서로를 바라볼 수 있다면
우리 둘 다 물 위 둥둥 개구리 밥풀로 보이겠죠

又呈寶使君

向晚波微綠
連空岸却青
日兼春有暮
愁與醉無醒
漂泊猶杯酒
踟躕此驛亭
相看萬里外
同是一浮萍

만리 밖에서 보면 둥둥 떠다니는 풀잎같은 존재. 이리 흐르고 저리 떠다니다 언제 어디서 마주칠지 모르는 운명. 거대한 시간과 공간 앞에서 초라한 인간들. 이와 비슷한 상상력이 시인 백거이白居易의 술을 대하며對酒에도 보입니다.

> 蝸牛角上爭何事 달팽이 뿔 위에서 왜 그리들 다투나
> 石火光中寄此身 부싯돌 튀는 불꽃 찰나만큼 살면서

　우주의 나이는 140억 살, 지구의 나이는 46억 살이라고 합니다. 우주의 나이를 1년으로 잡으면 지구는 9월 14일 태어난 것이라고 합니다. 공룡이 생겨난 것은 크리스마스 이브고 인간은 12월 31일 밤10시 30분에 나타난 거라네요. 과장이 아니라 인생은 정말 부싯돌 불꽃 튀는 만큼이고 그 찰나의 시간 안에서 만나고 헤어집니다. 김광규 시인[1941-]도 얘기합니다. 같은 서울 하늘 아래 살면서도 오십년 만에 악수 한번 하고는 다시 못 만났다고.

교대역에서

3호선 교대역에서 2호선 전철을
갈아타려면 환승객들 북적대는 지하
통행로와 가파른 계단을 한참
오르내려야 한다 바로 그 와중에서
그와 마주쳤다 반세기 만이었다
머리만 세었을 뿐 얼굴은 금방 알아볼 수
있었다 그러나 서로 바쁜 길이라 잠깐
악수만 나누고 헤어졌다 그것이
마지막이었다 다시는 만날 수
없었다 그와 나는 모두
서울에 살고 있지만

못 돌아오네

하간 땅은 아직도 전쟁터인데
네 뼈만 성 안에 덩그러니 남았구나
누구나 사촌동생 하나쯤 있는데
나만 없으니 내 평생의 한이란다
어린 것이 야무지게 동전을 세었었지
좀 더 컸을 때는 똑똑해서 많이 예뻐했는데
네 얼굴 위로 흙 덮힌지 삼년이구나
봄 바람 불어 풀은 또 자라나고

不歸

河間尙征伐
汝骨在空城
從弟人皆有
終身恨不平
數金憐俊邁
總角愛聰明
面上三年土
春風草又生

불귀^{不歸}, 네 뼈^{汝骨}, 얼굴 위로 덮힌 지 삼년 된 흙^{面上三年土}. 파격적인 시어의 연속입니다. 형용사를 쓰지 않고 그저 장면만을 서술합니다. 읽다보면 귀엽게 머리를 땋아올린 꼬마 아이가 동전을 또박또박 세는 것이 보입니다. 아유 똑똑해라 귀여워서 머리 쓰다듬으려 손을 뻗을 찰나, 돌연 바람 부는 무덤 앞입니다. 어려서 세상을 떠난 조카의 무덤 앞입니다. 아이가 죽은 지 3년이 지났습니다. 무덤에는 풀이 무성하게 자라고 그 위로 바람이 불고 있습니다. 진정 슬픈 글은 담백한 문장 속에 깊은 감정이 배어납니다. 고려시대 문장가이자 시인 이규보^{李奎報}가 아버지께 쓴 제문^{祭父文代人行}입니다. 먼 곳에 계신 부모님께 바빠서 찾아뵙지 못한다는 말은 복에 겨운 핑계입니다. 집 앞에 부모님 무덤이 있다 해도 만날 수는 없으니까요.

예전 아버지께서는 남쪽에 계시고 저는 서울에서 공부했었습니다
거리가 멀어 힘들기는 해도 찾아가면 언제든지 뵐 수 있었지요
지금 아버지 계시는 북쪽 산자락은 여기서 그렇게 멀지 않습니다
잠깐이면 갈 수야 있지만 간다고 한들 어찌 만나뵐 수 있겠습니까?
이번 생에서는 끝내 볼 수 없으니 말을 하려다 목이 메입니다
이 얇은 술잔으로 제 마음을 보여드립니다. 아! 정말 슬픕니다!

父昔在南 予學京師
百舍雖艱 往則覲之
今之所寄 北山之垂 其距都城 無幾許步
俄頃可往 往亦何覯
竟此一生 更見無所 言欲出口 哽咽難吐
唯此薄觴 表予情素 嗚呼哀哉

6부

밤이 온다 向夕

해 질 녘

깊은 계곡에 석양이 들쳐
차가운 하늘을 반으로 나눴다
어복 마을은 아까 어두워졌고
백염산은 끝도 없이 외롭다
드넓게 펼쳐진 가을 갈대밭이 꼭 호수같고
소나무 골짜기 문은 마치 그림 속인 듯
소도 양도 목동이 부르는 소리 알아듣고는
어둠 속에서 답하느라 울어댄다

返照

返照開巫峽
寒空半有無
已低魚復暗
不盡白鹽孤
荻岸如秋水
松門似畫圖
牛羊識童僕
既夕應傳呼

끝나감에도 아름다운 것이 석양입니다. 당나라의 시인 이상은李商隱 813~858도 석양을 극찬합니다. 너무나 아름답다구요. 하지만 슬픈 단서가 하나 붙습니다. 곧 밤이라는 것.

> 낙유원에 올라
>
> 해질 무렵 마음이 불편해
> 수레 몰고 나즈막한 동산에 올랐다
> 석양이 좋아도 좋아도 너무 좋다
> 다만 하루가 끝나간다는 거 말고
>
> 登樂遊原

向晚意不適
驅車登古原
夕陽無限好
只是近黃昏

미국의 시인 에밀리 디킨슨 Emily Dickinson 1830~1886의 석양은 한 손에 모자를 들고 정중한 자세로 머뭇거리며 인사를 건넵니다. 좀 더 머물다 가시라고 붙잡고 싶어집니다.

귀뚜라미 울었다, 중에서

귀뚜라미 울었다,
해가 떨어졌다,
　　……
나지막한 풀에 이슬 내려앉고,
석양이 나그네처럼 서 있다.
어색한 예를 갖춘 채 모자를 손에 들고,
더 있으려는 건지, 떠나려는 건지.

The Cricket Sang, 중에서

The cricket sang,
And set the sun,
……
The low grass loaded with the dew,
The twilight stood as strangers do
With hat in hand, polite and new,
To stay as if, or go.

밤이 온다

밭두둑 밖 저만치엔 외로운 성
어지러운 강물은 강촌을 둘러 흐르고
깊은 산은 안그래도 짧은 풍경을 더욱 다그치는데
아름드리 높은 나무엔 바람이 쉽게도 든다
안개 자욱한 물가에 학이 내려 앉았다
초가집에는 닭들이 옹기종기 모였다
책에도 거문고에도 밝은 등불이 흩어지고
긴 긴 밤이 되어서야 겨우 겨우 진정되는 마음

向夕

畎畝孤城外
江村亂水中
深山催短景
喬木易高風
鶴下雲汀近
雞栖草屋同
琴書散明燭
長夜始堪終

멀리 성은 외롭고 마을 주위로 강물이 어지러이 흐릅니다. 높은 나무엔 바람이 쉬이 들고 고달픈 삶엔 걱정이 쉬이 듭니다. 깊은 산은 저녁을 재촉하는데 마음 둘 곳이 없어 어수선합니다. 뭔가 더 이상 도모하지 못할만큼 늦은 밤이 되니 차라리 편해집니다. 촛불 비치는 방안은 어둑어둑한데 벽에 흔들거리던 그림자가 가늘게 길어지자 비로소 마음이 가라앉습니다. 기나 긴 밤이 드니 차라리 편안합니다.

칠레의 시인 가브리엘라 미스트랄Gabriela Mistral 1889~1957은 밤을 '자신만이 남는 시간'이라고 합니다. 타오르는 석양도 없고, 반짝이는 건 이슬 뿐이고, 길도 말이 없습니다. 닭들도 옹기종기 모이고 학도 물가에 내려앉고 나는 방 안에 홀로 남았습니다. 두보도 마음이 평안해졌습니다. 저녁을 재촉하는 깊은 산도 바람이 쉬이 드는 나무들도 보이지 않으니 마음이 평안해집니다. 강물 소리만 들립니다.

밤 중에서

아가야, 이제 잠을 자거라.
석양은 더 이상 타오르지 않는다.
이슬만이 반짝거린다.
　　　……
길도 말이 없다.
강물 외에는 소리내는 것은 없다.
나 말고는 아무 것도 남아있지 않다.

La noche 중에서

Por que duermas, hijo mio,
El ocaso no arde más:
No hay más brillo que el rocío,
　　　……
El camino enmudeció:
Nadie gime sino el río;
Nada existe sino yo.

캄캄하다

해 낮아지고 온 산이 그늘 지더니
산마루에 검푸른 기운이 불쑥 뛰어들었다
소도 양도 가파른 길을 돌아온다
새들은 깊은 나뭇가지로 모여든다
베개 바로 하려다 별무늬 검에 닿더니
책 가지런히 하려다 옥거문고를 건드렸다
반쯤 열린 문 틈으로 촛불들이 피어난다
닫으려니 맑은 다듬잇돌 희미한 빛이 보였다

暝

日下四山陰
山庭嵐氣侵
牛羊歸徑險
鳥雀聚枝深
正枕當星劍
收書動玉琴
半扉開燭影
欲掩見淸砧

두보는 말년에 당뇨를 비롯한 여러가지 병을 앓는데 특히 귀가 잘 들리지 않는다고 말합니다.

耳聾 中　　귀가 안들린다 중에서
眼復幾時暗　눈은 또 언제쯤 안 보일까
耳從前月聾　귀는 안 들린 지 한 달째

어두운 방 안에서 일어난 사건들입니다. 거동도 성치 않은 몸으로 베개 정리하다 별무늬 검에 닿고, 책을 정리하다 거문고를 건드립니다. 반쯤 열린 문 틈 사이로 촛불이 열리는 건 뭘까요? 앞 집 뒷 집 촛불이 하나둘 켜지는 걸까요? 날이 어두워지며 아파트 단지에 한 집 두 집 불이 들어오는 광경이 떠올랐습니다. 문을 닫으려는데 다듬잇돌 희미한 빛이 보인다는 건 또 뭘까요? 욱진 선생은 반쯤 열린 사립 문짝에 자기 방의 촛불 그림자가 비치는 모습 같다고 합니다.

무엇을 말하려는 지 알 수 없는 이 시를 따라 읽다보면 두보가 방문을 닫는 순간 불멸의 시간으로 여행이 시작될 것 같습니다. 어릴 적 뛰놀던 곳을 지나, 곡식이 익어가는 누런 들판을 지나, 더 한참을 가다보면 에밀리 디킨슨^{Emily Dickinson 1830~1886}이 말한 '땅이 부푼 것 같은 어떤 집'에 도달할 것 같습니다.

내가 죽음을 위해 멈출 수 없기에 중에서

내가 죽음을 위해 멈출 수 없기에
그가 친절하게도 나를 찾아줬다
마차에는 우리 자신들
그리고 불멸이 타고 있었다

학교를 지나갔다 아이들이
쉬는 시간에 원을 이뤄 열심히 노는
또 지나갔다 곡물이 무르익는 들판을

우리는 땅이 부푼 것과 같은
어떤 집 앞에 멈추었다
지붕은 거의 보이지 않았다
처마 띠는 땅 속에 있었다

Because I could not stop for Death 중에서

Because I could not stop for Death-
He kindly stopped for me-
The Carriage held but just Ourselves-
And Immortality.

We passed the School, where Children strove
At Recess -in the Ring-
We passed the Fields of Gazing Grain-

We paused before a House that seemed
A Swelling of the Ground –
The Roof was scarcely visible –
The Cornice – in the Ground –

밤 1

밤을 향해 깊어가는 달이 휘어진다
등불 절반 타들어 설잠이 들었을까
깊은 산을 헤매던 사슴 울부짖자
매미가 놀라 나무에서 떨어졌다
어릴적 먹던 회가 생각나더니
눈 내리는 밤 배를 타고 싶다
남쪽 땅 노래 가락이 하늘로 솟아 별빛을 범하더니
내가 지금 먼 하늘 끝에 있음을 깨달았다

夜 其一

向夜月休弦
燈火半委眠
號山無定鹿
落樹有驚蟬
暫憶江東鱠
兼懷雪下船
蠻歌犯星起
空覺在天邊

등불이 절반 타들어가고 달은 밤을 향해 휘어갈 즈음 설잠에 들었습니다. 사슴이 울고, 매미가 놀라고, 옛 기억이 떠오르고, 고향에 가고 싶어집니다. 어릴 적 각인된 미각이 불쑥 나타나 예전에 먹었던 회가 생각납니다. 귓가를 맴도는 토속 민요 가락은 하늘로 솟아 별에 닿습니다. 꿈인지 의식인지 모를 기억과 연상들이 청각에서 미각으로, 미각에서 시각으로, 다시 청각으로 미친 듯이 옮겨 다닙니다. 설잠이 깹니다. 꿈과 상상을 넘나들던 감각이 현실로 돌아옵니다. 나는 지금 어디지? 떠돌던 감각들이 어두운 방에 누워있는 내 육신에 속해 있음을 깨닫습니다. 아! 여기는 고향에서 수만리 떨어진 변방 땅이지. 또렷해진 이성이 허망한 현실을 깨닫자 이내 답답해집니다. 맛난 회는 먹을 수 없고 고향은 갈 수 없습니다. 부질없는 바램들은 하무하게 현실로 돌아옵니다. 러시아의 시인 알렉산드르 블로크^{Александр Блок 1880~1921}의 시도 감각과 연상이 마구 꼬리를 뭅니다. 돌고 돌아 결국은 마찬가지라는 허망한 결론. 모든 것이 똑같이 되풀이될 뿐입니다.

밤, 거리, 가로등불, 약국

밤, 거리, 가로등불, 약국
의미없는 희미한 불빛
사반세기를 더 살아도
그대로일 것이다 출구는 없다
죽더라도... 다시 시작이다
또 같을 것이다
밤, 운하의 얼어버린 물결,
약국, 거리, 가로등불

Ночь, улица, фонарь, аптека

Ночь, улица, фонарь, аптека,
Бессмысленный и тусклый свет.
Живи еще хоть четверть века —
Всё будет так. Исхода нет.
Умрешь — начнешь опять сначала
И повторится всё, как встарь:
Ночь, ледяная рябь канала,
Аптека, улица, фонарь.

잠이 안 온다

구당 협곡의 밤 물이 시커멓다
딱따기 소리가 깊어가는 밤을 알립니다
달은 짙은 안개 속으로 어스름 잠겨가고
별은 누대에 가까워져 반짝인다
기력이 떨어져 잠 모자라도 몸은 버티는데
약해진 마음엔 걱정이 깃들어 한스럽다
골짜기 골짜기마다 요새가 가득한데
내 꿈과 이상은 어디서 찾아야 하나

不寐

瞿塘夜水黑
城內改更籌
翳翳月沈霧
輝輝星近樓
氣衰甘少寐
心弱恨容愁
多壘滿山谷
桃源何處求

밤물 夜水이 까맣黑습니다. 달이 안개 속으로 잠기고 별들이 한참 기울었습니다. 잠이 들 것 같더니 깨버렸습니다. 약해진 마음에는 어김없이 수심이 깃듭니다. 지난 세월들이 떠오르고, 꿈을 위해 몸부림치던 기억들이 떠오르고, 끝끝내 이루지 못한 지금이 한스럽습니다. 잠이라도 들면 좋겠건만 기가 쇠해 잠깐 잤어도 눈은 말똥말똥 정신만 힘듭니다. 참다 못해 외칩니다. 내 꿈은 어디서 찾아야 하냐고. 지금도 수많은 두보들이 불 꺼진 방안에서 잠을 이루지 못하고 스마트폰 희미한 불빛 아래에서 자신의 꿈들을 찾아 헤매입니다.

못 자는 밤

윤동주

하나, 둘, 셋, 넷
………
밤은
많기도 하다.

강변, 별, 달 2

강 달은 바람에 닻줄을 떠나가고
강 별은 안개 속에서 배와 작별한다
닭 울자 돌아오는 새벽 빛
해오라기 목욕하는 냇가가 맑다
반짝반짝 별은 도대체 누가 뿌렸을까?
그윽한 달빛은 어디서 둥글어지는 걸까?
나그네 근심 오늘 따라 유난하다
다음에 와서 또 자세히 봐야지

江邊星月 其二

江月辭風纜
江星別霧船
雞鳴還曙色
鷺浴自晴川
歷歷竟誰種
悠悠何處圓
客愁殊未已
他夕始相鮮

성치 않은 몸을 이끌고 새벽 강가에 나와 달과 별과 은하수를 보고 있습니다. 시간이 꽤 흘렀나 봅니다. 강에 비친 달이 바람에 밀려 닻줄과 멀어지고 별은 안개 속에서 배와 작별합니다. 별은 누가 뿌려놓은 거야? 달은 어디서 동그래져? 다섯 살 꼬마아이처럼 천진난만하게 묻습니다. 다른 날 또 와서 봐야지 중얼거리며 느릿느릿 몸을 일으키는 두보의 뒷 모습이 보일 듯 합니다. 삶을 마쳐가는 시기가 되면 별도 달도 신기해지는 걸까요? 가람 이병기[1891~1968] 선생의 시조도 순수하기 그지 없습니다. 두보는 어느 별로 반짝이고 있을까요? 우리도 언젠가 어느 하나의 별이 되겠죠?

별

바람이 서늘도 하여 뜰 앞에 나섰더니
서산 머리에 하늘은 구름을 벗어나고
산뜻한 초사흘달이 별과 함께 나오더라

달은 넘어가고 별만 서로 반짝인다
저 별은 뉘 별이며 내 별 또한 어느 게오
잠자코 홀로 서서 별을 헤어보노라

쌍풍포에서

쌍풍포에 배를 대는데
단풍나무 두 그루가 쓰러져 있습니다
나무도 아파서 죽는구나 놀랐습니다
이제는 좋은 목재라 불러줄 수가 없습니다
파도에 띄워 신선을 태우면 어떨까요
껍질에는 비단 같은 이끼도 덮혀 있으니까요
여기 강변에 주인장 계신다면
잠시 빌려타고 하늘에 좀 다녀오렵니다

雙楓浦

輟棹青楓浦
雙楓舊已摧
自驚衰謝力
不道棟梁材
浪足浮紗帽
皮須截錦苔
江邊地有主
暫借上天迴

쓰러져 죽은 나무에게서도 두보는 쓸 곳을 찾아냅니다. 신선의 뗏목입니다. 파도에 띄우면 신선들이 타고 다니기에 충분할 겁니다. 세상에서 인정받지 못한 자신도 다른 세계에서라면 인정받을 겁니다. 살아서는 인정받지 못했지만 자신의 시가 소나무만큼 오래 남아 천년 뒤 사람들은 알아볼 것이라고 자부하는 시가 있습니다.

四松 中   소나무 네 그루 중에서

四松初移時   소나무 네 그루 처음 옮길 적에
大抵三尺强   커봐야 내 허리 정도더니
別來忽三歲   못 본지 어언 삼년
離立如人長   짝지어 선 모습이 사람처럼 컸다
　　……
我生無根蒂   내 인생 뿌리도 받침도 없어서
配爾亦茫茫   너와 짝을 이룰 일이 아득하지만
有情且賦詩   정이라는게 있어 시를 읊조리니
事跡可兩忘   너와 나 둘의 자취가 잊혀지지 않을 거다
　　……

태양의 운동 법칙을 규명한 독일의 천문학자 케플러$^{\text{Johannes Kepler 1571-1630}}$는 1609년에 발표한 『새로운 천문학』의 서문에 다음과 같이 씁니다. 신은 자신이 창조한 태양을 제대로 이해하는 인간이 나타날 때까지 6천년을 기다려야 했고 그 최초의 인간이 바로 자신이라고. 또 평범한 사람들이 자기 업적을 이해하려면 다시 백년이 걸릴 거라고 덧붙입니다. 세상의 보통 수준을 초월하는 이들은 신선과 신에게 자신을 설명하나 봅니다.

> 며칠 전 나에게는 완전하고 찬란한 태양이 떠올랐다. … 나는 후세의 그 누군가를 위하여 이 책을 쓰고 있다. 나의 책을 이해할 독자를 만나려면 백 년은 기다려야 하겠지만, 신은 당신의 작품을 제대로 이해할 수 있는 첫 인간이 나타나기까지 6천년이나 기다리지 않았던가.
>
> — 새로운 천문학 Astronomia nova 서문 중에서

해 제

元日示宗武 설날 아들에게 시를 보여줬습니다

제목을 직역하면 '설날 종무에게 시를 보여주었다'입니다. 나는 아들에게 시를 보여주는 것 자체를 시의 소재로 삼은 것으로 보고 번역하였습니다. 하지만 아들에게 읽어보라고 써준 시이므로 아들에게 말을 건네는 투로 번역하는 것이 더 자연스러울 수 있습니다. 이에 따른다면 번역은 아래와 같습니다.

> 아버지가 손 떤다고 우리 아들 우네
> 무럭무럭 자라줘 흐뭇해서 난 웃었단다
> 집집마다 새해가 찾아왔는데
> 우리는 턱 막혀 먼 땅에 머물러 있구나
> 떠도는 신세라도 건강 기원주는 따르련다
> 병약해진 몸 낡은 침대 하나뿐
> 직접 우리 아들 가르치려니
> 백발에 선생 노릇이 영 쑥스럽구나
> 시를 적다가 붓을 떨어뜨릴 지경이어도
> 너와 오래 살아야지 잔 들어 다시 건강을 빈다
> 멀리 떨어져 사는 동생은 어떻게 지내고 있으려나
> 노래 높이 읊조리려니 눈물이 쏟아지는구나

不見 이백 형 어찌 지내시나요

2구「伴狂眞可哀」에서 '양광^{伴狂}'은 '미친 척 하다' 라는 뜻인데《두시상주》는 "이백이 재능을 인정받지 못하여 제멋대로 술 마시고 방종하였다^{白之縱酒豪放,亦不得已而然}" 라고 해석하고 있습니다.

안록산의 난이 일어나 현종이 피신하고 정세가 어지러워지자 현종의 아들 이린^{李璘}이 군사를 일으키는데 이백은 그에게 가서 벼슬을 받습니다. 하지만 이린의 이복형이 왕으로 즉위하자 이린은 반역죄로 처형당하고 그에게서 벼슬을 받은 자들도 모두 처벌을 받습니다. 이백 역시 이린에게 가담한 죄로 유배가게 되고 이후 여러 곳을 떠돌다가 생을 마칩니다.

7~8구「匡山讀書處 頭白好歸來」에 대하여《두시상주》는 "이백이 쫓겨남을 안타까워하여 살아서 돌아오기를 바라는 것이니 시종일관 안타까워 하는 뜻이다^{蓋憫其放逐而望其生還, 始終是哀憐意}" 라고 주석합니다. 나는 이 주석을 바탕으로 두보의 아쉬움을 드러내기 위해 '무사히 돌아가셔야 할 텐데요' 라고 옮겼습니다.

旅夜書懷 떠도는 밤 생각을 적는다

2구「危檣獨夜舟」에서 '위장^{危檣}'의 직역은 '높이 솟은 돛대'입니다. 두보의 불안정한 심리를 살리기 위해 '위^危'를 '위태롭다, 아슬아슬하다'로 옮겼습니다. 1구「細草微風岸」가 평화롭기 그지 없는 분위기인데 반해 2구「危檣獨夜舟」는 매우 불안한 정서이기 때문입니다.

6구「官應老病休」에서 '官'은 관직 또는 벼슬을 말합니다. 이 때 두보는 엄무의 막부에서 관직을 수행하고 있었습니다. 하지만 두보는 애초부터 이 자리를 하찮게 여겼고 항상 그만 둘 생각이었으므로 당장의 관직을 그만둬야겠다는 번역보다는 자신이 바라던 높은 자리에 대한 미련을 그만두겠다는 것으로 옮겼습니다. 늙고 병들어서 일 못하겠다는 말을 두보는 늘 입에 달고 살거든요. 이상이 높았던 두보에게는 현실이 늘 불만이었습니다.

《旅遊 떠돈다》에서 '行役'을 '억지로 떠돈다'고 옮겼는데 원래 뜻은 '길을 나서다, 여행으로 인한 피로와 괴로움' 입니다.

江上值水如海勢聊短述 강물이 바다처럼 불어나길래 휙 썼습니다

4구「春來花鳥莫深愁」은 "봄의 꽃과 새여 너무 근심하지 말아라" 또는 "봄의 꽃과 새를 근심시키지 않으리라" 등 다양한 해석이 있습니다. 두시상주도 미묘한 해석의 차이를 소개하고 있습니다.

趙注는 "꽃과 새가 걱정한다는 것은 시인이 갈고 닦아 묘사하면 꽃과 새도 이에 응하게 되니, 꽃과 새도 감정을 가지게 된다.^{將愁字屬花鳥說,蓋詩人形容刻露,花鳥亦應愁怖,猶朝來花鳥若有情也}" 라는 의미로 주석합니다. 錢箋는 "만약 새와 꽃더러 근심하지 말라고 해석한다면.. 꽃과 새들이 좋은 싯구를 얻어 기뻐할텐데 어찌 도리어 근심하겠는가^{若指花鳥莫須愁..正須深喜,何反深愁耶}" 라고 주석합니다. 나는 趙注의 해석을 따르되 시인이 사물에 지나치게 감정을 주입시켜 억지 소재로 삼지 않겠다는 의미로 옮겼습니다.

5구「新添水檻供垂釣」는 "새로 지은 물가 난간에서 낚시 드리운다"고 번역하는데 이는 첨^添을 '난간을 대었다'로 본 것입니다. 나는 난간을 지었다^添기보다 물이 더하여진다^添고 옮겼습니다.

두보는 봄에 불어나는 강물을 소재로 하여 여러 시를 지었고 두시상주는 이를 고증하여 시간 순서대로 수록하고 있습니다. ≪漫成≫ "봄 되자 물줄기가 졸졸 흐른다^{春流泯泯淸}", ≪春水≫ "강물이 예전만큼 올라오더니 아침에는 모래톱 끝이 잠겼다^{江流復舊痕 朝來沒沙尾}", ≪春水生≫ "문 앞 작은 여울이 불어난다. 밤새 물이 두 자 가량 높아져 며칠을 못 버틸것 같다^{門前小灘渾欲平 一夜水高二尺強 數日不可更禁當}", 그리고 이 시 ≪江上值水如海勢聊短述≫가 나오고 이어 ≪江漲≫ "산은 비와 눈 녹은 물을 더한다^{山添雨雪流}"고 하여 물이 불어나는 과정이 나타납니다.

두시상주는 "新添水檻은 초당이 완성된 뒤에 불어난 봄 강을 또 맞이하는 것이다^{新添水檻,蓋草堂成後,又逢春水也}" 라고 주석합니다. 나는 수함^{水檻}을 새로 지었다기보다 원래 있는 것으로 보았습니다. 또 첨添을 ≪江漲≫의 시어添의 활용과 동일하게 "새로 물이 더해진"이라고 옮겼습니다. 봄을 맞아 일시적으로 물이 불어났다가 금새 빠지는데 굳이 낚시를 위해 새로 난간을 지었다는 것이 어색해 보이고, 또 ≪春水≫에서 "줄을 이어서 탐낼만한 미끼로 드리우고接縷垂芳餌"라고 하여 이미 낚시를 하고 있습니다. 초당을 짓고 두 번째 맞이하는 봄이므로 난간이 있다면 작년에 지었을 것이고 이 시에서는 새로 물이 더하여진添으로 봤습니다.

6구「故著浮槎替入舟」는 "예전에 만들어 놓은 뗏목을 타며 놀잇배에 탄 것이라 생각하리라" 또는 "일부러 뗏목을 묶어두고 작은 배로 들어간다네" 등의 번역이 있습니다. 두시상주는 "난간 밖의 뗏목을 띄어놓고 고기잡이 배로 삼으니 강의 기세가 엄청나다檻外浮槎,代作釣舟,此水勢之盛也"라고만 주석하고 있습니다. 또 두시상주는 故를 원래의 의미로 보고 있지 않습니다.朱鶴曰..故字用借對法 따라서 나는 故자와 著자의 의미를 다르게 보아 "평상시에는 바닥에 걸터있던 뗏목이 마치 배처럼 들어온다"고 옮겼습니다.

이 시는 시상의 흐름이 매우 급작스러워서 기존의 해석으로는 뭔가 아쉬움이 남습니다. 갑자기 물이 불어나 바다 같아서 시를 썼다지만 정작 불어난 물에 대한 묘사는 비중이 작습니다. 남들을 놀래키지 않으면 죽어도 못 그만둔다는 기질을 언급하고서 잠시 경치를 읊고 나서 도연명 같은 대시인이 되고 싶다며 다시 한탄으로 이어집니다.

그렇다면 중간에 위치한 경관은 단순한 경치의 묘사로 보는 것보다는 앞뒤의 시상의 흐름을 연관지어 해석해야 의미가 제대로 들어옵니다. 바다같은 큰 흐름과 유유히 배가 들어오는 광경은 선망의 대상인 도연명같은 경지이고, 비오기 전 쫄쫄쫄 흐르던 작은 강물 그리고 얕은 강 기슭에 걸쳐있던 뗏목은 보잘것 없는 자신의 재능입니다. 이렇게 보면 전체 시의 흐름이 매끄러워집니다.

望嶽 산 정상을 올려보며

7~8구「會當凌絕頂 一覽衆山小」의 직역은 "언젠가 반드시 정상에 올라 뭇 산들이 작음을 다시 한 번 내려보리라"입니다. 《두시상주》는 다음과 같이 주석을 달았습니다. "두보의 몸이 산기슭에 있고 정신은 봉우리에서 노니는 것이라서 一覽衆山小라고 한 것이다. 公身在岳麓,而神遊岳頂,所云「一覽衆山小」者 이미 조용히 터득하였으니 반드시 다시 정상에 오르겠다고 한 것은 아니다. 已冥搜而得之矣,非必再登絕頂也."

나는 이 해석을 채택하여 산 정상에 오르지 않고 자신의 큰 포부를 산에 오르는 것에 빗댄 것으로 옮겼습니다.

官定後戲贈 직장 구하고서 장난삼아 써줍니다

1~2구「不作河西尉 凄凉爲折腰」의 직역은 "하서위를 맡지 않은 것은 처량하게 허리를 굽혀야 하기 때문이지"입니다. 처음 제안받은 하서위라는 관직은 운남 지역, 지금의 베트남 국경 지역의 경찰 및 재판 담당관이었습니다. 한 차례 사양하고 두번 째 받아들인 자리가 솔조병부인데 왕실 소속의 군대 무기고 관리 또는 인사계라고 합니다.

4구「率府且逍遙」는 "지금 직장은 그나마 좀 여유롭다"는 뜻인데 시 전체가 현재의 불만족을 우회적으로 표현하고 있기 때문에 그저 꼭 해야 할 일만 한다는 소극적인 의미로 옮겼습니다.

6구「故山歸興盡」에서 "盡"의 의미를 어떻게 보느냐에 따라 "고향 산천으로 돌아갈 생각이 싹 사라졌다" 또는 "신이 나서 흥취를 다한다" 두 가지 해석이 가능합니다. 나는 후자의 해석을 취하되 마음 속 불만을 비꼬아 말하는 뉘앙스로 옮겼습니다. 궁궐 향해 노래를 부르다가, 고향 돌아갈 생각에 신이 난다고 하다가, 고개 돌려 회호리를 바라보고.. 이건 정상적인 심리상태가 아닙니다.

春望 봄을 보면서

제목 春望의 번역은 "봄을 바라보다"입니다. 하지만 시의 내용이 단순히 봄을 바라본다는 의미와는 거리가 있고 또 '望'이 앞에 오는 것과 뒤에 오는 것이 의미가 달라지기 때문에 "내 눈에 들어온 봄, 평소와 달리 보이는 봄"의 의미를 살려 번역했습니다.

3~4구「感時花濺淚 恨別鳥驚心」은 두 가지 해석이 가능합니다. '시절을 느껴 꽃을 보고도 눈물이 나고, 이별이 한스러워 새 소리에도 깜짝 놀란다'라는 번역이 대부분이고 '시절을 느껴 꽃도 눈물을 흘리고, 이별이 한스러워 새도 깜짝 놀란다'고 일부가 번역합니다. 주체를 꽃과 새로 보느냐 사람으로 보느냐의 차이입니다.

이와 관련하여 가장 좋은 번역은 조선시대 두보시 번역집인《두시언해杜詩諺解》인 것 같습니다. 두시언해는 고지 눈믈롤 쁘리게코感時花濺淚 새 모수믈 놀래누다恨別鳥驚心 라고 번역하였는데 '쁘리게코'와 '놀래누다'는 사역 동사이므로 다음과 같습니다.

> 때를 느끼니 꽃이 눈물을 흘리게 하고,
> 이별이 한스러 새 마음을 놀래킨다

꽃이 눈물을 흘린다는 것인지, 꽃이 나로 하여금 눈물을 흘리게 하는 것인지 분명하지 않습니다. 중의적인 의미가 가능해서 시적 효과가 더 풍부해집니다. 두보가 이 두 가지 효과를 모두 노린 것인지는 알 수 없지만 두보의 시《江上値水如海勢聊短述》에서 '봄이 왔어도 꽃과 새들을 근심시키지 않겠다春來花鳥莫深愁'고 하여 꽃과 새에 작가의 감정을 투영시키는 의미로 사용한 것을 보면 두 가지 해석 모두 자연스럽다고 할 수 있습니다.

8구「渾欲不勝簪」는 머리를 다 모아도 비녀를 꽂을 수 없다는 뜻입니다. 옛날에는 여자의 비녀와는 다르지만 남자들도 비녀를 꽂았습니다.

早秋苦熱堆案相仍 초가을 폭염에 책상 위 서류가 쌓여간다

1구 「七月六日苦炎蒸」은 여름이 끝난 지 한참이 지난 가을이 되었는데도 뜻밖의 폭염에 괴롭다는 뜻입니다. 두보가 이 시를 쓴 곳이 장안인데 장안은 현재의 시안西安이고 시안의 날씨는 우리나라의 9월 초 날씨와 얼추 비슷합니다. 우리 실정에 맞게 '9월인데도 이 더위는 도대체 뭐야'라는 의미로 옮겼습니다.

이 시는 역사적으로 좋은 평가를 받지 못합니다. 청나라 '주한朱瀚'은 이 시를 읽고 평하기를 "한 구절도 취할 곳이 없다全詩亦無一句可取"고 했습니다. 5구 "관직 허리띠 풀어버리고 소리 지르고 싶다束帶發狂欲大叫" 따위의 표현이 어찌 시라고 할 수 있겠느냐는 투입니다.

狂夫 미친 놈

제목 狂夫를 '거침없는 이', '제멋대로인 이' 정도로 번역하는 편입니다. 하지만 제목을 《狂夫》로 선정했다는 것 자체가 매우 파격적인 의도를 담은 것이라서 점잖게 번역하는 것이 오히려 어울리지 않아 보입니다. 바로 앞의 시 《早秋苦熱堆案相仍》만 해도 저평가되는데 하물며 제목 《광부狂夫》에 대한 평가도 크게 다르지 않았을 것입니다.

두보가 임금에게 항명했을 당시 이 사건을 조사했던 담당관이 두보에 대해 狂[미쳤음]이라고 결론을 내려서 두보가 목숨을 건졌다는 이야기도 전합니다. 일종의 심신미약으로 인한 형벌감경인 셈입니다.

曲江 곡강에서

3구「且看欲盡花經眼」는 "잠시 시들어 떨어져 나가는 꽃들 보려 한다"고 번역합니다. '盡'을 '시든다'의 뜻으로 본 것인데 나는 '꽃을 바라보는 것花經眼을 끝까지 하는 것盡'으로 보고 '눈 앞 스치는 꽃 하나라도 놓칠 새라 있는 힘껏 바라본다'고 옮겼습니다.

4구「莫厭傷多酒入脣」는 보통 "너무 많은 상심에 술 마신다고 싫어하지 말게나" 또는 "몸 상한다고 하여 술 마시는 것을 싫어하지 말라"고 번역합니다. 나는 "과음해도 이해하시라"라는 의미로 옮겼습니다.

이 시는 두 개의 시로 이루어진 연작시인데 두번 째 시《曲江 其二》에서 우리에게 익숙한 '고희'라는 단어가 등장합니다.

> 외상 술값은 가는 곳 마다 있는데
> 사람 칠십 사는 것은 예로부터 드물지
>
> 酒債尋常行處有
> 人生七十古來稀

칠십세를 '고희古稀'라고 부르는 건 이 시에서 비롯됩니다. 칠십 세는 드물고 외상 값은 흔하다고 합니다. 우리 인생과 한낱 외상 술값을 대조시킨 발상이 절묘합니다. 외상 술값 같이 흔해빠진 인생이여!

可惜 서럽다

3~4구 「可惜歡娛地 都非少壯時」는 우리 말로 옮기기가 정말 어렵습니다. 직역은 간단합니다. "애석한 것은, 즐거워 하는 것이 젊은 시절이 아니라는 것이다" 입니다. 하지만 나의 번역도 다른 번역도 모두 만족스럽지가 않습니다. 이 시구를 우리 말로 옮기는 것은 불가능이라고 결론내렸습니다.

4구 「都非少壯時」의 글자 배치가 절묘합니다.

        都   非   少壯時
      모두   아니다   젊고 건장한 때가

다해봐야^都. 아니다^非. 뭐가? 젊고 건장할 때^{少壯時}가.

모두^都, 아니다^非를 먼저 배치하고 가장 마지막에 젊음^{少壯時}을 배치해서 즐거운 이 땅^{歡娛地}에서 달라진 건 오직 하나! 젊지 않아서라는 극적 효과를 만들어냅니다.

大曆二年九月三十日 767년 10월 31일

제목의 직역은 767년 9월 30일입니다. 시 제목은 음력이므로 양력으로는 가을의 마지막 날이므로 10월 31일로 옮겼습니다.

고대 그리스 철학에서 회자되는 역설 중에서 더미의 역설이라는 것이 있습니다. 모래 한 줌을 바닥에 붓고서 묻습니다. 이것을 모래더미라고 부를 수 있을까? 더미라고 하기 어렵습니다. 또 한 줌 쏟아 붓습니다. 모래더미라고 부를 수 있을까? 여전히 더미라고 부르기에는 부족합니다. 그런데 이를 계속 반복하다보면 어느 순간부터인가 더미가 됩니다. 질문이 생겨납니다. 그러면 언제부터 더미라고 부를 수 있는 거지? 열 줌? 삼십 줌? 백 줌?

내가 언제 이렇게 나이가 먹었지? 하지만 어느 날을 기점으로 나이가 많다고 말할 수 없습니다. 살다보니 어느 덧 젊지 않은 나이가 되어버렸습니다. 더미의 역설로 싯구를 바라보아 번역했습니다. "해마다 조금씩 조금씩 늙어간다"고 옮겼습니다.

別房太尉墓 방관 태위님의 묘를 떠나며

5구「對碁陪謝傅」의 사부^{謝傅}는 동진^{東晉}의 사안^{謝安}이라는 사람을 가리킵니다. 사안이라는 장수가 전쟁터에서 바둑을 두고 있었는데 부하가 들어와 보고를 했습니다. "장군! 전투에서 우리가 승리했습니다!" 하지만 사안은 승전보를 받고도 아무 반응없이 바둑만 계속 두었다고 합니다. 고사를 반영하여 "마주보고 장기를 둘 때면 근엄한 장군의 모습이셨죠"라고 번역하였습니다.

방관을 사안으로 부른 건 자신과의 인연을 끄집어내는 동시에 방관을 옹호하며 임금에게 항명했던 자기 입장을 끝까지 바꾸지 않았음을 드러낸 것입니다.

過故斛斯校書莊 먼저 떠나 간 친구의 집을 지나며

4구 '무릉구 茂陵求'는 고사가 있습니다. 사마상여가 궁궐에서 쫓겨났는데 왕이 그가 보고 싶어 무릉^{茂陵}으로 사람을 보내 그의 책이라도 가져오라고 했답니다. 가보았더니 책 한 권만 덩그러니 남아 있었다고 합니다.

시간이 흐르고서 챙겨주면 뭐하냐라는 뉘앙스를 담아 "마지막까지 가난하게 살다가 죽고 나서야 쓸데없는 벼슬 하나 주었다"고 옮겼습니다. 두보는 이 시에 "가난하게 살다가 죽고 나서 작은 벼슬을 받게 되었다^{老儒艱難 病於庸蜀 歿其歿後 方授一官}"고 설명을 달아놓았습니다.

返照 해 질 녘

번역집의 초고를 쓰던 어느 시기에 문막의 어느 카페 사장님과 친해졌습니다. 사장님은 독서를 좋아하셔서 카페 한 쪽을 책으로 가득 채웠는데 커피 내릴 때가 아니면 항상 의자에 앉아 책을 보셨습니다. 문막^{文幕} 지명이 '글의 장막' 같다며 당신의 인생 3막을 위해 서울 사업을 정리하고 문막에 카페를 차렸다고 했습니다.

좀처럼 집필에 진척이 없던 날, 사장님께 초고를 보여드렸습니다. 그때는 두보의 시가 왜 아름다운지를 설명하는 것이 집필의 초점이었습니다. 외국의 문학 작품, 특히 시를 우리 말로 옮기는 것은 엄두가 나지 않아서 대학원에서 공부했던 문학 이론과 한시의 작법, 서구의 은유 이론 등으로 두보 시 감상법을 쓰고 있었거든요.

초고를 훑어본 사장님이 어이 없다는 표정으로 얘기했습니다. "이건 번역집이 아니라 논문이네요. 대학원 그만두셨다면서 왜 또 논문을 쓰는 거죠? 난 두보 이름만 들어봤지 그에 대해 아는 게 없어요. 한문도 잘 몰라요. 나는 그냥 상준씨가 알려주는 두보를 알고 싶네요."

내 능력의 한계를 명분으로 삼아 변명했습니다. "글 재주가 감동을 주기에 부족해서 그렇습니다. 차라리 논리적으로 두보 시의 아름다움을 설명하려고 하거든요" 그랬더니 "그러면 차라리 작품과 함께 작가의 삶을 소개해보는게 어때요? 어깨에 힘 빼고 소탈하게 쉬운 언어로 두보를 소개하는 거죠. 아름다움을 느끼는 건 독자의 몫이니까요."

그 날로 5년 정도 써오던 원고를 모두 엎어 버리고 새로이 시작했습니다. 시 분석에 미련을 버리고 두보의 삶에 집중하기 시작했습니다.

向夕 밤이 온다

앞의 카페 사장님 이야기입니다. 하루는 제목 「향석向夕」을 뭐라고 번역할 지 사장님과 얘기를 나눴습니다. '반조返照, 낙일落日, 향석向夕, 황혼黃昏' 모두 석양이라는 뜻인데, 두보는 각각의 제목으로 모두 다른 시를 썼기 때문에 이를 어떻게 구별해 줘야 할지 난감했거든요. 특히 향석向夕은 마땅한 번역을 못찾아 사장님께 고민을 얘기했던 겁니다.

반나절을 함께 고민했습니다. '해거름, 땅거미, 해너미, 애저녁' 등 온갖 단어들이 다 등장했습니다. 카페 문 닫을 시간, 정말 해가 뉘엿뉘엿할 즈음 사장님이 다가와 제안했습니다. '향할 향向'이 들어있으니 동적인 느낌을 살려서 '저녁을 향한다, 저녁이 온다, 밤이 온다, 밤으로 간다'식이 어떠냐. 여러 후보군 중에서 나는 '밤이 온다'를 골랐습니다.

원고를 마무리하는 오늘 따라 사장님이 더 보고 싶습니다. 함께 제목을 고민한 이 날이 2019년 1월 8일이었는데 사장님은 알 수 없는 병으로 6월 22일 급작스럽게 돌아가셨습니다. 사장님이 병원에 계시는 동안 카페에 가서 책이랑 짐들을 박스에 담아 정리하고 세무소에 가서 카페 폐업 절차를 대신 처리해드렸습니다. 6월 12일 카페 폐업 신고서를 병원으로 갖다드린 것이 마지막 만남이었습니다. 지금도 사장님이 선물해주신 책 100여 권이 내 방 한 켠에 진열되어 있습니다.

暝 캄캄하다

두보에 푹 빠지게 된 계기가 이 작품이었습니다. 학문으로 두보를 대하는 것을 그만두게 한 시이기도 합니다. 대학원 시절 이 시를 대하는 이들의 반응은 한결 같았습니다. 수업을 진행하는 선생님도, 듣고 있는 학생들도 표정이 뚱합니다. 이 시는 도대체 뭘 말하는 지 모르겠다. 왜 쓴 것인지도 모르겠다. 그래서 초라하고 궁상맞은 자신의 현실을 묘사한 것이라고 정리하고 넘어가곤 했습니다. 선인들도 두보 말기 작품에 대해 대체로 박한 평가를 내리는 편이기 때문에 이러한 반응이 이상할 것은 없습니다.

하지만 나는 이 시에 자꾸 눈길이 갔습니다. 정말 '궁상맞음'이 시의 전부일까? 어두움을 소재로 삼고 제목으로 정한다는 것 자체가 쉬운 일이 아니라고 생각했습니다. 캄캄한 방이 무덤처럼 다가왔습니다. 의학이 발달하지 않았던 시절, 병을 달고 사는 노년의 몸은 언제 닥칠지 모르는 죽음과 더불어 지내는 시간이었을 지도 모릅니다.

6구「收書動玉琴」는 나의 개인적 경험을 바탕으로 해석했습니다. 한밤 중에 잠에 취한 채로 화장실을 가려고 캄캄한 방을 나서다가 피아노 뚜껑이 열려 있어 건반을 짚는 바람에 화들짝 놀란 적이 있었거든요.

夜 밤

5구 「暫憶江東鱠」에서 '강동회^{江東鱠}'는 중국 오월^{吳越} 지역에서 잡히는 물고기인데 진^{晉}나라 장한^{張翰}이라는 사람은 가을 바람이 불면 이 물고기 회를 떠올렸다고 합니다.

6구 「兼懷雪下船」에서 설하선^{雪下船}은 진^{晉}나라 왕자유^{王子猷}에 대한 고사인데 그는 눈 오는 밤이면 밤 배를 타고 눈 내리는 오월 지역인 대안도^{戴安道}로 나갔다고 합니다.

두 고사 모두 고향에 대한 추억, 고향에 가고 싶은 마음을 의미합니다. 한시는 고사를 알지 못하면 감동이 줄어들지만 이 시는 묘사 그 자체로 이미지와 메시지가 선명해서 고사를 몰라도 충분히 아름답습니다.

'알렉산드르 블로크'의 시 번역은 차지원 선생의 도움을 받았습니다. 특히 이 시는 문제가 간결하고 건조하니 우리 말로 옮길 때는 의미가 전달되는 수준에서 함축적으로 하라고 귀뜸해 주었습니다.

江邊星月 강변, 별, 달

나는 이 시를 읽을 때면 베토벤의《피아노 소나타 30번》1악장과 3악장이 들리는 듯 합니다. 1~2구에서 강물의 달빛과 별빛이 바람과 안개 속에서 반짝이는 장면은 소나타의 1악장 도입부가 들리는 듯 합니다. 3악장의 마지막에서 조용히 사라지는 선율을 듣고 있노라면 집으로 향하는 두보의 뒷모습이 보이는 듯 합니다.

베토벤은 모두 32개의 피아노 소나타를 남겼는데 후기 소나타 30번, 31번, 32번은 제목을 붙이지 않았습니다. 형식이나 의미를 굳이 전달하지 않으려는 의도라고 합니다. 특히 30번 3악장은 매우 특이합니다. 격정적으로 피날레를 장식하는 통상적인 곡들과 달리 언제 끝나는 지도 모르게 조용히 끝납니다.

베토벤 스스로 3악장에 "내면에서 솟아오르는 감정으로 노래하듯 Gesangvoll, mit innigster Empfindung" 이라고 해석을 달았습니다. 혈기왕성한 시절에는 '강하게, 약하게'를 지시하던 기호들이 말기의 작품에서는 '노래하듯'이라고 바뀌어 나타납니다. 두보의 말기 시도 그렇습니다. 메시지를 전달하려는 의도가 아예 사라집니다. 그래서 더 아름답고 슬프고 여운이 남습니다. 베토벤의 말기 작품도 두보의 말기 작품도 모두 후대의 사조에 지대한 영향을 끼칩니다.

유투브에 이 시의 영상을 베토벤 소나타와 함께 하나 올려놓았습니다. "강변성월 베토벤"으로 검색하시면 찾아보실 수 있습니다.

사람이 무섭다

초판 1쇄 발행 2022년 12월 30일

지은이 두　보
엮은이 이상준
그린이 박정환

발행처 두흐만
주　소 강원도 원주시 부론면 법천시장길 66-16, 102호
팩　스 0504) 088-9069

ISBN 979-11-981398-9-4
값 14,000원

잘못된 책은 구입하신 곳에서 바꾸어 드립니다.